分断と対話の
社会学

グローバル社会を生きるための想像力

塩原良和
Yoshikazu Shiobara

慶應義塾大学出版会

目　次

はじめに　オルタナティブの模索　1

第1章　グローバル社会と想像力　9

1．共感と想像力　9／2．社会学的想像力と歴史的想像力　12／3．批判的想像力　14／4．対話と想像力　16／5．ナショナルな想像力の限界を越える　18／6．社会階層と想像力への制約　20／7．リアリティの分断とスティグマ化　22

第2章　グローバリゼーションのメタファー　29

1．「流れ」「渦」「沈殿物」　29／2．「抗う」「乗りこなす」「流される」　33／3．「庭」「荒海」「吹き溜まり」　36

第3章　移動（モビリティ）することについて　45

1．物理的移動──移住者・定住者・越境者　45／2．象徴的な移動──階層移動とライフコース／ステージ　48／3．社会・文化的条件としてのモビリティ──コスモポリタニズムと分断　50／4．システムの標準化とモビリティの加速　59

第4章　トランスナショナルな想像力へのレッスン　67

1．「はやぶさ」の終焉の地から　67／2．「放浪者」と例外としての抑留施設　69／3．もうひとつの例外──歓待される「旅行者」たち　71／4．「留まり続けること」の主体性　75／5．方法論から規範へ──他者からの呼びかけに応える　79

第5章 「スピード感」と加速する資本主義　87

1．グローバリズムと時間短縮＝効率化への欲望　87／2．「ゆとり」と福祉国家　88／3．「居場所」とコミュニティ　92／4．「つながり」の二面性　95／5．「スピード感」ある「改革」とデモクラシーの危機　97

第6章　惨事と政治　105

1．世界リスク社会と個人化　105／2．「ピンチはチャンス」？　107／3．災害ユートピア？　110／4．「焦り」の活用　112／5．「間」とサバルタン性　113／6．「喪」とケア　115

第7章　ネイションとナショナリズム　121

1．思想・帰属意識・身体感覚　121／2．ネイションの起源——近代主義とエスノ・シンボリズム　123／3．シビック・ナショナリズムとエスニック・ナショナリズム　126／4．「熱い」ナショナリズムと「冷たい」ナショナリズム　129

第8章　グローバル時代のナショナリズム　137

1．パラノイア・ナショナリズム　137／2．福祉ショーヴィニズム——「国を愛すること」と「国に愛されること」　138／3．リベラル・ナショナリズムとその限界　141／4．「国益」をめぐるポリティクス　145／5．テロリズムとナショナリズム　147

第9章　ヘイトスピーチと差別　157

1．ヘイトスピーチを黙認する「空気」　157／2．構造化され身体化されるレイシズム　160／3．「甘え」を言い訳にした共感拒否　163

／4．勘違いの共感と反動としての反感　166／5．逆差別について　169／6．ヘイトスピーチへの法規制と「出会い直し」　172

第10章　共生と対話　181

1．ある場所で出会うこととしての共生／共棲　181／2．統合と管理の論理　182／3．選別と分断の論理　185／4．「聴くこと」から始まる対話　190／5．世界に注意深くあること　193

おわりに　対話主義者たちへの覚書　197

1．「中立」という暴力　197／2．対話主義者が敗北するとき　201／3．思いやりと、ずるがしこさ　203／4．対案と対話　204／5．「きっかけ」と「なりゆき」　206

初出一覧　211

はじめに オルタナティブの模索

　本書では、現代の社会変動とそれに伴って出現する時代状況を読み解く想像力について考える。なぜこのような試みをするかというと、現代社会が想像力の危機に瀕しているのではないかという懸念がたびたび表明されているからである[1]。日本を例にとっても、その根底に他者の置かれた立場や思いに対する想像力の不足、あるいは想像すること自体の拒絶があると思わざるをえない出来事が頻発している。本書第9章で考察する、2000年代後半から社会問題化した外国人住民などへのヘイトスピーチはその典型である。こうした排外主義的で非寛容なまなざしはエスニック・マイノリティ＊（章末キーワード参照、以下同）だけではなく、障がい者や貧困層といった他の社会的弱者のカテゴリーにも向けられる。生活保護受給者に対するバッシングは、後を絶たない。また本書を執筆中の2016年7月には神奈川県相模原市の障がい者福祉施設で、障がいとともに生きる人々とその家族への想像力を著しく欠いた人物によるヘイトクライム、大量殺人が起きた。

　国際社会に目を向ければ、こうした出来事が日本の特殊事情でも、一部の異常な人々の起こした例外でもないことがわかる。グローバルに拡散する宗教的過激主義に影響されたテロリズムについては本書でも随所で言及するが、これが被害者への想像力を欠いた行為であることは言うまでもない。その一方で、まさにその「テロとの戦

---

[1] たとえば、井手英策・松沢裕作編『分断社会・日本——なぜ私たちは引き裂かれるのか』岩波書店、2016年。

い」がひとつの発端となって引き起こされた先進諸国への難民の大量流入が、新たな「テロの脅威」と結びつけられる。その結果、第8章で述べるように、移民や難民を「われわれ」の安全・安心を揺るがす脅威だとする排外主義的ナショナリズムの影響が強まり、そうした人々をわれわれと同じ生身の人間、同じ社会の仲間として想像する契機がますます失われていく。また第5章で考察されるように、グローバリゼーションによって加速する資本主義は福祉国家による社会的シティズンシップの保障を困難にしつつある。それに代わって台頭する、自立と自己責任を強調する新自由主義／グローバリズム＊によって先進諸国の社会福祉政策は厳格化し、貧困を無能の証や罪と断ずるような想像力の欠如が先進諸国に蔓延している[2]。

　歴史学者のテッサ・モーリス゠スズキは早くも2000年代初頭に、「批判的想像力の危機」の進行に警鐘を鳴らしていた。それは次第に影響力を強める「道徳的に空虚な地球規模でのネオリベラリズム」と、「道徳のスローガンで粉飾された大衆扇動的ナショナリズム」に対抗するための「説得的オルタナティブを想像し、かつ伝達するという能力」が、知識人やメディアに欠如している状況を指していた[3]。彼女の時代診断は2010年代後半の日本社会において、ますます重要になっている。新自由主義／グローバリズムは、グローバルな市場原理主義に適応するための「改革」を、「他に選択肢はない（There is no alternative）」と人々に押しつけようとする。「情勢は急激に変化している」から、「緊急事態」だから、「国益を守る」ためには「この道しかない」そして「この道を力強く前へ」、

---

[2] ロイック・ヴァカン（森千香子・菊池恵介訳）『貧困という監獄——グローバル化と刑罰国家の到来』新曜社、2008年。
[3] テッサ・モーリス゠スズキ『批判的想像力のために——グローバル化時代の日本』平凡社、2002年、39-40ページ。

と言い含められる。時代の変化に対応できない人々は、「自己責任」の名のもとに切り捨てられる。人類学者のガッサン・ハージが示唆するように、このような状況に置かれた人々はオルタナティブを模索するラディカルな想像力を奪われ、切り捨てられる「痛み」に「耐えて、しのぎ切る（waiting out）」よりほかはない[4]。それでも現状とは異なる社会のあり方を想像しようとする人々は、机上の空論を語るエリート、あるいは裏切り者として非難されることになる[5]。このような風潮は、批判的思考を育む教養教育、人文社会科学教育への逆風の一因にもなっている[6]。

想像力は、空想／妄想することではない。地理学者のイーフー・トゥアンは現実の探求に向けられた知的活動としての想像力と、閉塞的な自己満足としての「空想」を区別した[7]。空想が何らかの被害妄想や強迫観念を伴って肥大していくと、「妄想」になると言ってもよい。つまり空想／妄想とは区別された「リアルな」想像力を持ち続けようとすることは、自己満足でも被害妄想／強迫観念でもないあり方で、他者とその集合としての社会を理解しようとすることである。そしてこの社会へのリアルな想像力は、多くの自称「リアリスト」たちが陥っている体制（大勢）順応主義（conformism）でも現状追認主義（confirmationism）[8]とも異なる。それは政治哲学者ナンシー・フレイザーが言うところの、グローバル化の時代に

---

4) Ghassan Hage, *Alter-Politics: Critical Anthropology and the Radical Imagination*. Carlton, Victoria: Melbourne University Press, 2015, pp. 33-45.

5) ガッサン・ハージ（塩原良和訳）『希望の分配メカニズム――パラノイア・ナショナリズム批判』御茶の水書房、2008年、106-113ページ。

6) マーサ・ヌスバウム（小沢自然・小野正嗣訳）『経済成長がすべてか？――デモクラシーが人文学を必要とする理由』岩波書店、2013年。

7) イーフー・トゥアン（山本浩訳）『モラリティと想像力の文化史――進歩のパラドクス』筑摩書房、1991年、230ページ。

おける批判的「再想像」(「再フレーム化」)である[9]。すなわち、様々な要因が複雑に入り組んで形成されるグローバル社会をリアルに考えるために、これまで見えていなかった背景を可視化して問題を再設定しようとすることである。自明なものに見えた既存の社会現象や構造を、相対化していく。それによって、それまで見えていた自己‐他者、原因‐結果、問題‐解決策とは別のあり方、すなわち、オルタナティブを探ることが可能になる[10]。

　他者／社会への想像力が閉塞して空想／妄想へと劣化し、先述したようなマイノリティや社会的弱者への排外主義・社会的排除という風潮を助長している。この負の連鎖を断ち切るために、差異を持った人々が共に生きる社会が可能なのだという力強いオルタナティブへの展望を示していかなければならない。本書では、それを可能にするグローバル社会への想像力を読者が育む手助けをしたい。まず第1章では、想像力という概念についての社会学的な考察を行う。想像力は人間に本来備わっている特性かもしれないが、広い意味での「知ること」を通じて伸ばされ、育まれるものでもある。それゆえ第2章〜第9章では、グローバリゼーション、高度資本主義、ナショナリズム、レイシズムといった現代の社会変動の諸相を概観しながら、読者がそれらを教科書的な見解とは異なった別のあり方で再想像するためのヒントを提示したい。私は、そうした再想像が目

---

8) ハージは、社会の常識や固定観念に対して批判的姿勢を持たず、一般市民の持つ自分たちが正しいという思い込みを追認するだけの主張を繰り返す評論家たちを「追認主義者(confirmationist)」と揶揄した(ハージ前掲書、106-113ページ)。

9) ナンシー・フレイザー(向山恭一訳)『正義の秤――グローバル化する世界で政治空間を再想像すること』法政大学出版局、2013年。

10) Hage, *op. cit.*

指すべきオルタナティブな社会の方向性は「対話」と「共生」というキーワードによって表現できると考えている。そこで第10章と「おわりに」では、差異を有する人々が共に生きることを可能にする技法としての対話という概念について考察してみたい。

* * *

　本書のもとになったのは、私が慶應義塾大学法学部政治学科で開講している「社会学」および「社会変動論Ⅰ・Ⅱ」の講義ノートである。講義ノートをもとに執筆するのは前著『共に生きる──多民族・多文化社会における対話』(弘文堂、2012年) に引き続いての試みであり、その意味で本書は前著の続編でもある。前著は社会学的な多文化主義・多文化共生論の学部生向け入門書として書かれたが、本書はより裾野を広げ、グローバル社会論を中心とした社会変動論のテキストとして読まれることを想定している。テキストとしての便宜を考え、本文の内容の理解を助けるため、*をつけたキーワードには各章末に解説を付した。もっともテキストとはいえ、本書は学説的知識の体系的な紹介には力点を置いていない。むしろ、読者が知っているつもりでいた現代の社会現象を社会学の概念をツールとして再考することで、オルタナティブを想像する思考のイメージを具体的に示したいと考えた (あるいは、示したいと考えながらいつも教室で授業をしていた)。それに成功しているかどうかはわからないが、社会学の概念を使って私たちが社会をどのように再構想できるのかという、見本集のようなつもりで本書を読んでいただければありがたい。下手な見本でも、それを参考に社会変動への想像力をさらに羽ばたかせてくれる人がいれば、意味はあるのだろう。なお、本書で述べられていることをより学問的に考えたい方は、引用されている文献を自分で読んでみてほしい。各章末にはそのため

の一助として、主要文献を列挙し簡潔な解説を添えた。

　慶應義塾大学出版会の乗みどりさんには、本書の企画から編集まで大変お世話になったことに感謝しつつ、私の個人的事情で執筆が遅れたことを改めてお詫びしたい。また本書の一部は、既発表の学術論文やエッセイ、編著書所収論考等を改稿したものである。それぞれの初出は巻末を参照されたい。転載をご快諾していただいたみなさまに、深く御礼申し上げたい。なお、本書は全体として文部科学省科学研究費助成事業（JP16K04094）の成果の一部であり、記して御礼申し上げる。

　最後に、2013 〜 16 年度に私の講義や演習を履修してくださった学生のみなさんに感謝したい。特に大教室での講義は、自修課題は多いうえ、何百人履修していようが構わずグループワークやディスカッションを決行してしまう、ちょっと風変わりで大変な授業だったと思う。それでもたくさんの学生が熱心に履修して、討論や課題レポート、期末試験を通じて貴重なフィードバックを寄せてくれた。授業が終わったあと、質問に来てくれて長い間話し込んだ学生もたくさんいた。そういう対話のなかから得られたすべてを本書に反映できたわけではないが、本書が少しでも意義あるものになっているのであれば、それは学生のみなさんのおかげである。

キーワード

マイノリティ／マジョリティ（minority/majority）
　マイノリティとは、その人が有する差異に基づいて社会的に不利な立場に固定化されてしまった人々をいう。また、その人を社会的に不利な立場に立たせやすい差異がマイノリティ性である。どの差異がどの程度のマイノリティ性を持つかは、社会や状況によって違う。一方マジョリティとは、マイノリティ性を比較的有しない人々、言い換えれば「ふつう」だとされる人々のことである。ある人がそ

の社会における「ふつう」とされる（たとえば日本社会において「日本人らしい」とされる）度合が高いほど、その人は「マジョリティ性」を多く持つことになる。マジョリティはマイノリティに対して優位に立つが、その社会においてはそれが「ふつう」であるがゆえに、その序列や不平等は意識されることが少ない。

新自由主義／グローバリズム (neoliberalism/globalism)

デヴィッド・ハーヴェイは新自由主義を「強力な私的所有権、自由市場、自由貿易を特徴とする制度的枠組みの範囲内で個々人の企業活動の自由とその能力とが無制約に発揮されることによって人類の富と福利が最も増大する、と主張する政治経済的実践の理論」と定義した。新自由主義は第二次世界大戦直後、ハイエクやミルトン・フリードマンらとともに台頭した知的潮流であり、1970年代から80年代にかけて、米国や中南米で影響力を確保した。そして1980年代以降の構造調整プログラムとワシントン・コンセンサスを経て世界的な潮流となっていった（渡辺治監訳『新自由主義――その歴史的展開と現在』作品社、2007年）。一方グローバリズムとは、世界が単一のグローバル市場に包含され、国民国家の政治的権威が低下することで「ボーダーレス化」し、そのなかで人々が自由な経済競争に参加すること（「フラット化」）が人々の生活全般を大きく変えていくことを、不可避であり、なおかつ好ましいものとする主張である。新自由主義とグローバリズムは重なる部分があり、しばしば混同されるが、前者の価値観や理論を前提に経済のグローバル化を推進するのが後者だと整理できるだろう。

―文献案内―

○ガッサン・ハージ（塩原良和訳）『希望の分配メカニズム――パラノイア・ナショナリズム批判』御茶の水書房、2008年

現代国家が人々の希望を再分配するメカニズムが新自由主義によ

って機能不全に陥り、高まった不安や怨念から排外主義が台頭する。それが移民や先住・少数民族問題を深刻化させ、グローバルなテロリズムとの負の連鎖が生じる。2003年に原著が刊行された本書が示した現代社会分析の見取り図は、今日でも有効性を失っていない。

○マーサ・ヌスバウム（小沢自然・小野正嗣訳）『経済成長がすべてか？——デモクラシーが人文学を必要とする理由』岩波書店、2013年

　現代米国の著名な哲学者による大学・教育論。グローバル化によって短期的な利益の追求が最優先される傾向が強まるなか、経済成長と両立し、その暴走を防ぐ批判的思考力と他者への共感の能力を養う人文学・芸術教育の重要性を提起する。原著は2010年刊行。

○ナンシー・フレイザー（向山恭一訳）『正義の秤——グローバル化する世界で政治空間を再想像すること』法政大学出版局、2013年

　国民国家の自明性が揺らぐなかで、誰が何を代表するかを、どのように決めていくのか。米国の政治哲学者が2008年に著した、グローバル化の時代に対応した正義論の刷新の試み。

第1章　グローバル社会と想像力

1．共感と想像力

　社会学を学んで、いったい何の役に立つのでしょうか、と学生に尋ねられることがある。うん、何の役にも立たないよ、と煙に巻くことにしている。「役に立つ」って、そもそもどういうことだろうね。「役に立つ」ことを学ぶことが、いつも正しいことなのだろうか。そういうことを考えるために社会学は「役に立つ」のかもしれないね、と。

　とはいえ「社会学は何の役に立つのか」という問いは、社会学を大学で教える私にとっても重要である。いまのところ、社会学は「他者の立場に立って考える」ことを学ぶために、特に役に立つ、という答えに落ち着いている。「社会」という概念は「他者との相互作用が反復されて構造化していくこと」とシンプルに定義できるので、「他者の立場に立って考える」とは、物事を社会的に考えるということの、実は言い換えである。

　それでは、「他者の立場に立って考える」すなわち社会的に考えるとは、どういうことなのか。まず「他者の立場に立って考える」ことは、「他者の経験や感情を自分のことのように感じる」こととは異なる。後者は「共感」と呼ばれる。アダム・スミスは、共感（sympathy）、哀れみ、同情といった心的状態が想像力によって生み出されると考えていたようだ[1]。現代においても、たとえば社会学者の津田正太郎は共感（empathy）と同情・同感（sympathy）を「他者の置かれた状況や、その状況において他者が抱くであろう心理を想像すること全般を『共感』とし、他者の不幸や悲しみに対し

て生じるそうした反応を特に『同情』とする」と定義している[2]。ただし本書では、empathyとsympathyを厳密に区別せず、津田の言う同情に近い意味で共感という言葉を用いる。

　他者への共感は、人間関係や社会を成立させる重要な要素だ。だが、共感のみで成立する関係性には限界もある。同情としての共感は、他者の感情や置かれた状況を「自分のことのように感じる」感情移入を伴うとされる。そうであるならば、人は自分と似ている人、近い状況に置かれた人により共感しやすく、自分と異なっている人や状況ほど固定観念によって判断しがちになる。哲学者のマーサ・ヌスバウムによれば、同情という感情を抱いた人は、以下のような判断を行っている。すなわち①他人がひどく悪い目に遭っている、②人は自分の窮状のすべてに責任があるわけではない、③私たち自身が同じような目に遭いやすい、④同情の対象となる人は、同情的な感情を抱いている者にとって大切な人だ[3]。

　特に④の条件は、自分と似ていたり良く知っていたりする他者に共感しやすく、そうではない人には共感しにくいということを意味する。もちろん、似てもいないし良く知りもしない人に感情移入することもあるが、それは一方的な思い込みや不十分な知識による誤解である可能性が高い。もっとも身近で良く知る他者であっても、自己と他者が決して同じではない以上、そこには常に「わかりあえ

---

1) アダム・スミス（高哲男訳）『道徳感情論——人間がまず隣人の、次に自分自身の行為や特徴を、自然に判断する際の原動力を分析するための論考』講談社、2013年。
2) 津田正太郎「国民的連帯の再構築とマスメディア——共感原理の可能性と危険性」『社会志林』59巻4号、2013年、58ページ。
3) マーサ・ヌスバウム（河野哲也監訳）『感情と法——現代アメリカ社会の政治的リベラリズム』慶應義塾大学出版会、2010年、62-64ページ。

ないこと（共約不可能性）」*がある。したがって、感情移入としての共感が、実は「勘違い」である可能性は常にある。それに気づいたとき、他者に「裏切られた」という反感が高まることもある（第9章参照）。

一方、「他者の立場に立って考える」とき、他者との同一化や感情移入は必ずしも前提とされない。違う人間である以上、他者と私は完全に同じ経験や感情を共有することはできない。またその人を嫌いであったり敵対していたとしても、その他者の「立場に立って考える」ことはできる。「敵を知れ」という格言は、国家間の戦争から企業の出世競争、スポーツの試合に至るまで、あらゆる場面で実践されている。有名なルース・ベネディクトの『菊と刀』[4]のように、戦争中の交戦国ないし仮想敵国の社会や文化を（しばしばその国に実際に行って調査することが難しい状況で）知る試みが端緒となった地域研究も少なくない。

したがって「他者の立場に立って考える」ことは、他者に感情移入することではない。それは他者について「想像する」ことなのである。私たちは共感できない他者のことも、反感を抱いている他者のことさえ、想像することができる。そんなとき、私たちはその他者の特徴や他者を取り巻く状況を「知ろう」と努める。つまり、想像力を深めるには共感に加えて「知っていること」すなわち知識が必要である。もちろん知識さえあれば良いわけではないが、他者に対する知識を持つことは私たちの他者に対する感受性の限界を補い、押し広げてくれる。

それゆえ本書では他者に対する想像力を、個人が知識を活用しな

---

[4] ルース・ベネディクト（越智敏之・越智道雄訳）『菊と刀——日本文化の型』平凡社、2013年。

がら自らの共感の限界や制限を押し広げて、他者を理解しようとする努力、と定義したい。社会学とは「他者の立場に立って考える」ことを学ぶ学問であるという先ほどの命題は、社会学とは「他者／社会に対する想像力を鍛えるための知識を学ぶ」学問であると言い換えることができる。

なおこの場合の知識とは、言語化・体系化され専門分化されたものとは限らない。経験としての知、身体化された知としてのハビトゥス＊もまた「知っていること」である。それゆえ、「感じる」こと（感情）と「考える」こと（思考）の区別は、実際には曖昧である。先述したように、ヌスバウムも同情や共感のような感情には思考が伴うとしている。また感情社会学の知見は、そもそも人間の感情は「自然なもの」というよりは社会的規範によって構成・規定される部分が大きいことを明らかにした[5]。それゆえ他者を想像するとは、他者について「感じながら考える」ことだという表現のほうが適切だろう。

2．社会学的想像力と歴史的想像力

米国の社会学者C.W.ミルズは、人間と社会のあり方を考察する際の想像力の重要性を力強く宣言した。彼は1950年代の時点で、人々が自分自身の価値観に従って自分の人生を決定する能力が、社会の急激な変化によって危機に瀕しているという時代診断をすでに行っていた。その危機を克服していくためには情報をただ集めるだけではなく「情報を駆使し理性を発展させることによって、かれら自身の内部や世界におこることがらを、明晰に総括できる精神の資

---

[5] 岡原正幸ほか『感情の社会学——エモーション・コンシャスな時代』世界思想社、1997年。

質」が必要であり、それをミルズは「社会学的想像力」と名づけた。それは「巨大な歴史的状況が、多様な諸個人の内面的生活や外面的生涯にとって、どんな意味をもっているかを理解する」力であり、「歴史と生活史とを、また社会のなかでの両者の関係をも、把握することを可能にする」[6]。すなわち社会学的想像力とは、一見すると無関係に見える個人の私的問題と社会構造がどのように関係しているのかを「省察および感受性によって」把握し、それによって人間と社会についての新たな価値観や発想を「驚き」とともに獲得する営みなのである[7]。

　ミルズは、人々が社会学的想像力を育むためには歴史に関する知識が不可欠だとも考えていた[8]。その歴史学の立場から、現在を生きる私たちの過去・歴史との関わりという意味での想像力の重要性を指摘したのがテッサ・モーリス゠スズキだった。1990年代の日本における戦争責任／戦後責任をめぐる論争、あるいは自身が英国から移り住んだオーストラリアの先住民族問題を念頭に置きつつ、彼女は「連累」という概念を提起した。それが意味するのは、その人自身が直接加担していない歴史的な不正義に対して正当な対応がなされていない現代社会から直接・間接に何らかの利益を受け、自己の人格や生活を形成してきた人には、その過去の不正義と関わりがあるということである[9]。そのような過去への連累の意識は、歴史的知識によってだけではなく、過去に生きた人々に対する想像力

---

6) C.W.ミルズ（鈴木広訳）『社会学的想像力＜新装版＞』紀伊國屋書店、1995年、5–7ページ。
7) 同上書、9–10ページ。
8) 同上書、188–216ページ。
9) テッサ・モーリス゠スズキ『批判的想像力のために――グローバル化時代の日本』平凡社、2002年、56–58ページ。

によっても形成される。それゆえ、過去への連累の意識を適切に持ち続けるためには、異なった歴史理解に立つ人々との対話を通じて歴史を絶えず再想像し続けることが必要である[10]。

3. 批判的想像力

この連累的想像力は、私たちがいま生きている社会のあり方への「歴史に学んだ反省」に基づく批判的意識を呼び起こす。「批判 (critique)」とは、「常識」だと思われていること、あるいはある特定の人々が私たちにあからさまに、あるいは暗に押しつけようとしているものの見方を疑い、別の見方ができないかどうかを模索することであり、それを通じて現状をより良くしていくことである。学問の世界に限らず、批判的 (critical) であるということは、既存の常識を疑い、それとは異なる (オルタナティブな) 価値観や生き方を目指す姿勢である[11]。

しかし現代の日本社会では、批判という言葉は非難や否定、中傷としばしば混同され、敬遠されがちである。批判ばかりしている人は、協調性がないとか、建設的でないとか言われる。しかし批判は対象を否定したり、破壊することではない。むしろ疑うことによって新しい発想、価値観、方法を創造することである。つまりクリティカルであることはクリエイティブであり、プロダクティブであり続けようとすることである。したがって個人や社会が健全であるためには「批判的思考」が不可欠である。そうでなければ、人々や社会は大勢に流されてしまい、自分で判断する力を失ってしまうだろ

---

10) 同上書、50-59ページ。
11) Ghassan Hage, *Alter-Politics: Critical Anthropology and the Radical Imagination*. Carlton, Victoria: Melbourne University Press, 2015.

う。急激な変化の時代において、現状の問題点を見極め、より良い社会と人間の生き方を考えていく批判的思考の前提となるのが、社会と歴史に対する想像力なのである。

しかし、過去に起こった不正義と自分自身の連累を問い「歴史に学ぶ」ことは、私たちを不安にもさせる。それは、私たちがこの社会に存在することの倫理的な根拠を揺るがしてしまうからだ。それゆえ、過去の不正義との連累を想起させるような他者との関わりを想像することは、ある種の人々にとって不快で、受け入れがたいものとなる。だからこそ、日本を含む多くの社会の歴史修正主義者＊は、「歴史に学ぶ」という連累的想像力の呼びかけを忌み嫌ってきた。かれらの世界観では、「歴史に学ぶ」連累的想像力は個人がその社会に存在する価値を貶め、ひいては社会全体を衰退させるものだとされる。それは「自虐的である」と拒否され、「未来志向」の名のもとに過去を「済んだこと」として「水に流す」ことが求められる[12]。こうして1990年代の日本で台頭した「自虐史観批判」は、済んだことを水に流すための「新しい歴史教科書」の制定・採択の運動として展開していった。それは2000年代後半以降の草の根保守運動の世界観にも、主にインターネットを媒介として影響を与えた[13]。

過去の不正義への連累に向き合う姿勢が「自虐的」だという非難は、自分や自分の属する社会への「誇り」や「愛情」をあまりにも狭く捉えすぎていることを指摘しておく。たとえば、お互いの良い面しか見ようとしない恋人同士、子どもの悪いところを直視しよう

---

12) 塩原良和『共に生きる――多民族・多文化社会における対話』弘文堂、2012年、42-45ページ。
13) 樋口直人『日本型排外主義――在特会・外国人参政権・東アジア地政学』名古屋大学出版会、2014年。

としない親も、相手のことを愛し、誇りに思っているのだろう。しかし、相手の悪い面を指摘して批判するパートナーや親もまた、相手を愛し誇りに思うがゆえに、そうする。もちろん、愛している人の悪いところを直言するのには勇気がいる。相手を回復不可能なほどに傷つけてしまうのではないかと、躊躇する。相手からの反発を受けて自分が傷つくことを、恐れもする。しかしそれでも相手のことを想って忠告し、叱ろうとする人はいる。

むしろ愛する相手を批判しないことを選ぶとき、私たちはその人を「思いやって」いるのだと言い訳しつつ、実は自分自身が傷ついたり嫌な思いをしたくない、あるいは、ただ相手と深い話になるのがおっくうで、そうしないだけなのかもしれない。相手の悪いところ、弱いところを直視しない愛情や誇りは、自分自身の弱さや悪い側面を直視することからも逃げている愛情や誇りなのかもしれない。相手や自分を傷つける危険をなるべく避ける知恵を働かせつつ、万が一そうなってしまったときの責任からも逃げずに、愛する人の弱さと、それを受け止めきれない自分の弱さに向き合おうとすることは、愛ではないのだろうか。

「歴史に学ぶ」連累的想像力を働かせながら、社会の現状に対して批判的意識を持つことで、より良い未来を構想することが可能になる、それが生産的で創造的な知的営みとしての、モーリス＝スズキの言う「批判的想像力」なのである。

4．対話と想像力

他者／社会に対する想像力とは他者との共約不可能性を前提として、なお他者を理解しようとする知的営みだと述べた。しかしそうであるからこそ、それは勘違いや誤解を免れない。他者への想像力は常に、独りよがりの他者への妄想（「はじめに」参照）へと陥って

しまう危険があるのだ。別の言い方をすれば、他者に対する想像力は、他者への固定観念（ステレオタイプ）＊を突き崩すと同時に、新たな他者への固定観念を絶えず形成する。

　もっとも固定観念自体は、人間が現実を理解するために避けられないものでもある。固定観念と妄想は、完全に同じものではない。自らの固定観念が他者の生きる現実や、そこでかれらが抱く思いとかけ離れていないかどうかを確かめようとするかどうかが、想像と妄想を分かつ分岐点となる。他者を想像することに常に伴う勘違いを修正していくために必要なのは、自分がどのような勘違いをしているのかと、想像した他者に対して絶えず問いかけ、返答を得ようとすること、つまり「対話（dialogue）」である。以前の拙著で、私は「対話」を「他者との相互作用を通じた相互変容を行う意思」、すなわち他者と「わかりあおう」とするのではなく「かわりあおう」とすることだと定義した[14]。この対話の概念については、本書第10章で若干、修正・発展させたい。

　対話への意思は、自分と主張を異にする人々がなぜそのような主張をするに至ったのかを想像することを通じて、意見が違っていたとしてもその他者を自分と対等な立場の人間であると承認できる力を養う。こうした対話によって絶えずバージョンアップされ続けることで、他者／社会への批判的想像力が可能になる。しかし、これは想像以上に難しいことである。たとえば戦争や植民地支配、マイノリティに対する差別や暴力を反省して克服しようとする、いわゆるリベラル・進歩的な人たちが、いつも被害者や弱者たちと誠実に対話をしてきたかといえば、そうとは限らない。そうした人々がマイノリティと対峙する際に、相手の話を「聞いたつもり」になって

---

[14]　塩原前掲書。

反省してみせることで、自分自身の倫理的・道徳的な正しさを確認して安心しようとする、しばしば無意識の傾向があることを、インド出身のフェミニズム研究者ウマ・ナーラーヤンは指摘した[15]。私個人の経験では、そのように「対話したふり」をしてしまうのは、他者と誠実に対話をすればするほど、自分自身の立場や信念が揺るがされるのが怖いからである。だからといって、自分の考えはリベラルで進歩的なのだから正しいのだ、と殻に閉じこもってしまえば、そこで対話は中断され、かれらはその論敵である保守的な歴史修正主義者と同じように、他者／社会に関する固定観念に凝り固まっていくのだろう。対話は誰にとっても、容易な実践ではないのだ。

そんな苦労をしてでも、私たちは他者／社会を無責任に妄想してはいけない。つまり、他者／社会を想像することにはそれを適切に行うことへの責任が伴う。この「適切に」を、「リアルに」と言い換えてもよい（「はじめに」参照）。後述するように私たちが生きるリアリティは多様であり、複数的である。それゆえ他者をリアルに想像するためには、その他者が何をリアルだと感じているのかを知り、それを自らのリアリティと接合する努力が不可欠である。それゆえ、他者をリアルに想像することは、他者と対話しその存在を公正なあり方で承認するという責任を果たそうとすることなのである。その責任を放棄したとき、私たちは他者への妄想に支配されはじめる。その延長線上に、本書で論じていくような分断が出現する。

5．ナショナルな想像力の限界を越える

モーリス゠スズキの言う連累的想像力には、国家権力の中心の視

---

[15] ウマ・ナーラーヤン（塩原良和監訳）『文化を転位させる——アイデンティティ・伝統・第三世界フェミニズム』法政大学出版局、2010年。

点から叙述されてきた既存の歴史を、マイノリティや遠隔地といった権力から遠く離れた周辺の視点で語りなおす試みが含まれる[16]。そして彼女は、歴史学を含む地域研究の対象としての「地域」を、人・モノ・情報・思想・観念などの複数の「フロー（流れ）」が相互作用して形成される「渦」として捉える、「液状化された地域研究」という視座を提案した[17]。

歴史的想像力の刷新を促すこうした研究が逆説的に明らかにするのは、本来は国境を越えて広がっていくはずの私たちの想像力が、国民国家の存在を自明の前提とする世界観によって制限され続けていることである。『想像の共同体』でベネディクト・アンダーソンが解き明かしたように、「国民（ネイション）」という社会的構築物そのものが、われわれと他者との境界を設定しようとする想像力によって生み出される[18]。このナショナルな想像力は多くの人々に解放をもたらした反面、国家間の紛争や摩擦、国民国家内のマイノリティの抑圧、レイシズムといった問題の原因にもなってきた。私たちは同じネイションに属しているかどうかでわれわれと他者を区別することを、暗黙の前提としてしまいがちだからだ。社会学者のウルリッヒ・ベックが指摘したように「ナショナルな近代は、その同質性の固定化によって、国家間、民族間、宗教間の対話というアイデンティティの形成力、つまり……対話的想像力を無限に失って

---

16) たとえば、テッサ・モーリス＝鈴木（大川正彦訳）『辺境から眺める──アイヌが経験する近代』みすず書房、2000年。
17) テッサ・モーリス－スズキ（松村美穂ほか訳）「液状化する地域研究──移動のなかの北東アジア」『多言語多文化──実践と研究』2号、2009年、4-25ページ。
18) ベネディクト・アンダーソン（白石隆・白石さや訳）『定本　想像の共同体──ナショナリズムの起源と流行』書籍工房早山、2007年。

きた」のだ[19]。

　ナショナルな想像力は、学術研究にも大きな制約を与えてきた。ベックが「方法論的ナショナリズム」と呼ぶ、人間と社会にとって国民国家が中心的な位置を占めるという暗黙の思い込みが、人文社会科学者に共有される傾向があったからだ[20]。この方法論的ナショナリズムは、グローバル化によって国民国家の自律性が低下した現代世界を分析する際には、むしろ障害となる。そこでベックは、現実がグローバル化・トランスナショナル化していることを前提に社会を分析する視座としての「コスモポリタンな現実主義」*を提唱した[21]。ベックが強調しているように、トランスナショナリズム／コスモポリタニズムは、ナショナルな想像力の制限を越えた想像力のあり方、すなわちジェラード・デランティが主張する「コスモポリタンな想像力」を人々に要請する。デランティはそのような想像力を、文化的差異や多様性を承認し、社会現象がグローバル‐ローカルの相互作用によって発生してくることに注目し、既存の境界線に囚われず、なおかつ境界において発生する交渉に留意し、グローバルな倫理のもとに政治共同体を再創造することを目指すものだとする[22]。

6．社会階層と想像力への制約

　現代社会において人々の対話的想像力、すなわち他者を対話可能

---

19) ウルリッヒ・ベック（島村賢一訳）『ナショナリズムの超克——グローバル時代の世界政治経済学』NTT出版、2008年、64ページ。
20) 同上書、64-71ページ。
21) 同上書、141-145ページ。
22) Gerard Delanty, *The Cosmopolitan Imagination: The Renewal of Critical Social Theory*. Cambridge: Cambridge University Press, 2009, p. 7.

な対象として認識し、対話を実現するための方法を模索する知的努力を制限しているのは、文化や民族、国籍の違いだけではない。先述のように想像力は知識を活用した他者や社会の理解への努力だが、そのことは社会階層＊ごとに異なる知識の様式や配分のされ方によっては、人々の他者への想像力が分断されうることを示唆する。とりわけ学校で教えられる体系化された専門知へのアクセスには、学歴による格差が生じやすい。現代人にとっての重要な知識のリソースであるインターネットの利用頻度や利用の仕方（リテラシー）にも、社会階層による違いがある。その結果、そうした知識によって生み出される他者への想像力のあり方も変わってくる。また階層の違いは文化資本の違いでもあり、それが身体化された知としてのハビトゥスのあり方にも違いをもたらす。

　一方、「経験としての知」にも出身階層による差異があるため、それに基づく他者への想像力にも階層間の食い違いが起こりがちになる。たとえば若者が留学や海外旅行、スタディツアーなどで「グローバルな経験」をすることは「視野を広める」のに役立つとされる。それは、人的資本化された想像力を養う方法として商品化されてもいる。こうした商品化された経験は、経済的に余裕があるミドルクラス以上の階層に属する若者のほうが入手しやすい。現代日本の若者のもうひとつの有力な「グローバルな経験」のルートである海外在留子女としての生活も、現地においてはミドルクラス以上のライフスタイルや交友関係を経験することがほとんどだろう。

　それゆえ、こうした「グローバルな経験」が、自らと階層が異なる人々への対話的想像力を高めるとは限らない。商品化された観光旅行やスタディツアーでの「現地の人々」との交流は、そもそも安全や快適さが確保された限定的・一時的なものでしかないことが多い。また大学に通う留学生も、比較的狭い高学歴者のコミュニティ

で生活しがちである。日本に戻った後もそのような人々とSNSなどで国境を越えたつながりを保っていたとしても、それは階層を越えたつながりではないかもしれない。

　一方、労働者階級に属する人々は、ミドルクラスとは異なる経験を通じて生活世界としての「世間」を知る。ポール・ウィリスが描いたように、そのような「世慣れた」人々からは、高学歴ミドルクラスの人々こそ「ほんとうの世間を知らない」想像力の欠如した人々に見えることもある[23]。かれらにとっては、「グローバルな経験」よりも「ジモトの経験」のほうが、「世間を知る」ためには重要なのである。このように、階層的差異に規定された想像力の違いが、人々の対話を阻害することがある。こうした対話的想像力の限界は階層に規定された人々のリアリティ（現実感覚）＊の乖離をもたらし、そしてグローバリズムと新自由主義の影響力の拡大は、それを確実に広げつつある。

7．リアリティの分断とスティグマ化

　「あの人の主張にはリアリティがない」などと言うとき、私たちはリアリティという言葉を「世の中とはそういうものだ」、すなわち社会のあり方に対する適切な認識といった意味で使っている。ただし私たちは「世の中」を直接見ることはできず、言語や象徴などを介して理解するので、リアリティのあり方は人それぞれであり、そのどれかだけが客観的に正しいということはない。そして精神分析においては、ある人が持つリアリティはその人の自分自身に対するイメージの形成（「想像界」）と結びつけて論じられることがある。

23）　ポール・ウィリス（熊沢誠・山田潤訳）『ハマータウンの野郎ども』筑摩書房、1996年。

個人の自己イメージ（アイデンティティ）は、他者との言語や象徴を介した相互作用を通じて想像されるからである[24]。

ここで留意すべきなのは、人々のあいだのリアリティの違いは、「文化の違い」とイコールではないということである。もちろん、同一のエスニック文化や国民文化の影響を受けて育った人々のリアリティが似通うことはある。しかし同じ文化に属していても、周囲の人々や生活環境の違いによって人々のリアリティは異なってくる。そのことを如実に示すのが、2000年代以降の欧米で頻発している、自国社会で生まれ育った移民出自の若者による「ホームグロウン・テロリズム」＊である。第3章で詳述するように、かれらは欧米社会の価値観を内面化していないのではなく、その価値観を内面化して育ったからこそ、自分たちを差別・排除する社会に対して憤り、宗教的過激主義の価値観を受け入れていく。そのようにして起こった暴力が、結果として、主流社会の人々のエスニック・マイノリティへの想像力をますます衰退させていく。

日本では、外国人住民とテロリズムを同一視する風潮は2017年前半の時点ではそれほど目立たない。しかし2000年代以降、警察や入国管理局、一部の自治体などの非正規滞在者取り締まりキャンペーン、外国人が引き起こした事件をセンセーショナルに取り上げる一部マスメディアの報道やインターネット上の差別的言説の影響などにより、外国人住民の増加を犯罪や治安の低下と結びつける偏見が広がっていった[25]。その一方で、社会的下層に位置する外国人住民の若い世代に、親世代からの貧困の再生産に囚われてしまう

---

[24] 仲正昌樹『「不自由」論――「何でも自己決定」の限界』筑摩書房、2003年、182-195ページ。
[25] 外国人差別ウォッチ・ネットワーク編『外国人包囲網――「治安悪化」のスケープゴート』現代人文社、2004年。

状況が表れ始めていることが、いくつかの事例研究や統計的調査から明らかにされてきた[26]。外国人を犯罪者やテロリストと同一視する世間のまなざしは、そのような貧困の再生産を助長することはあっても是正することはない。それゆえそうしたレッテル貼り（スティグマ＊化）が自己成就的予言＊となり、一部の若者を反社会的行動に追いやってしまうかもしれない。

外国にルーツがある若者たちの多くは日本で生まれ育ち、日本の文化に慣れ親しんでいる。それゆえ、ここでも問題になるのは文化の違いではなく、リアリティの分断である。テロリストや犯罪者というレッテル貼りが自己成就的予言となるのを防ぐためには、この分断を修復していく方策を考えなければならない。階層間の格差や貧困、社会的排除がリアリティの分断の原因だとすれば、それを是正する社会的包摂のための政策が求められる。そのような政策を通じて、人々が自分たちを排除してきた社会の影響を受けて構築してきた自己イメージを再想像する自由（ドゥルシラ・コーネルが主張する「イマジナリーな領域への権利」）が、獲得されなければならない[27]。

一方、すでに確立した武装組織や犯罪グループを押さえ込むためには、一定の軍事力・警察力の行使はやむをえないかもしれない。しかし「憎しみの連鎖」がさらなるリアリティの分断をもたらすのを防ぐために、その行使は十分に抑制的でなければならない。そのような抑制を可能にするのも、他者への想像力である。ジョック・ヤングは、現代社会における排除と犯罪の関係を人々のリアリティ

---

26) 移住連貧困プロジェクト編『日本で暮らす移住者の貧困』移住労働者と連帯する全国ネットワーク、2011年。
27) ドゥルシラ・コーネル（石岡良治ほか訳）『自由のハートで』情況出版、2001年。

に即して理解するために、犯罪学における社会学的想像力（犯罪学的想像力 criminological imagination）の復興が必要であると主張した[28]。

だが、こうした他者への想像力を育んで社会に広めていくことは、どのようにすれば可能になるのだろうか。次章以降で、いくつかのテーマを考察しながらこの問いに回答していきたい。

---

28) Jock Young, *The Criminological Imagination*. Cambridge: Polity Press, 2011.

━━キーワード━━ 注：以下その章ですでに説明され＊がついていない用語もリストに挙げている。

社会（society）
　→本文9ページ参照。

共約（通約）不可能性（incommensurability）
　科学哲学においては、新旧の理論（パラダイム）のあいだに根本的な前提や世界観の大きな違いがあるため、両者を単純に比較してどちらが正しいのかを比較することができないことをいう。現在では、前提が大きく異なるふたつの観点のあいだに残る「わかりあえなさ」を示す一般的な思想用語としても用いられる。

ハビトゥス（habitus）
　→第7章122ページ参照。

社会学的想像力（sociological imagination）
　→本文12-13ページ参照。

連累（implication）
　→本文13ページ参照。

歴史修正主義（historical revisionism）
　政治的な意図をもとに、それまでの歴史学的な通説を急激に改変していこうとする運動。既存の歴史学の研究の手続きを無視したり破壊したりしながら、強引に歴史的事実の否定や歴史認識の改変を行おうとする。また対立する立場を偏った「歴史観」によるものだとレッテル貼りをする傾向もある。

批判的想像力（critical imagination）
　→本文16ページ参照。

ステレオタイプ（stereotype）
　人々があらかじめ持っている、現実を理解するための認識の枠組みのこと。

方法論的ナショナリズム（methodological nationalism）
　→本文20ページ参照。

コスモポリタンな現実主義（cosmopolitan realism）
　ウルリッヒ・ベックの提唱した理念。グローバリゼーションの時代においては方法論的ナショナリズムの制約を脱し、コスモポリタン的視座から諸課題の解決を模索することこそが現実主義的なのだという主張（島村賢一訳『ナショナリズムの超克──グローバル時代の世界政治経済学』NTT出版、2008年）。

コスモポリタンな想像力（cosmopolitan imagination）
　→本文20ページ参照。

対話的想像力（dialogical imagination）
　→本文20ページ参照。

社会階層(social stratification)

経済資本・人的資本・文化資本・社会関係資本などの社会的資源が、不平等に分配されている社会構造。また、そのような構造のなかで社会的資源の保有状況が類似し、同様の社会的地位を持つような人々の集合。

(多元的)リアリティ((multiple) realities)

社会学には、「現実」をただひとつのものではなく、多様なかたちで経験されるものだと考える潮流がある。アルフレッド・シュッツは、私たちが日常生活のなかで経験している現実以外にも、夢、狂気、思考、芸術など様々な場面で別の現実を経験しているとした(渡辺光ほか訳『社会的現実の問題Ⅱ』マルジュ社、1985年)。

ホームグロウン・テロリスト／ローンウルフ・テロリスト(home grown terrorist /lone wolf terrorist)

→第3章 57-58ページ参照。

スティグマ(stigma)

ここでは、差別や偏見を生み出すような、他者に対して可視化されたその人の外見や性格・属性上の特徴のことを指す。米国の社会学者ゴッフマンによる分析が有名である(石黒毅訳『スティグマの社会学——烙印を押されたアイデンティティ』せりか書房、1970年)。

予言の自己成就(self-fulfilling prophecy)

→第3章キーワード参照。

イマジナリーな領域(imaginary domain)への権利

→本文24ページ参照。

犯罪学的想像力（criminological imagination）
  →本文 25 ページ参照。

―文献案内―

○C．ライト・ミルズ（伊奈正人・中村好孝訳）『社会学的想像力』ちくま学芸文庫、2017 年

　米国の革新的な社会学者だったミルズが提起した「社会学的想像力」という概念は、現代の社会学にも多大な影響を与え続けている。1959 年に原著が刊行されたこの著作では、ミルズの哲学や理念が表明され、当時の米国社会学の支配的潮流が徹底的に批判されている。

○塩原良和『共に生きる――多民族・多文化社会における対話』弘文堂、2012 年

　本書の事実上の前編である、社会学的な多文化主義・多文化共生論の入門書。多文化主義・多文化共生概念を批判的に吟味しつつ、対話という概念を導入することでそれらを刷新していく理論的展望を模索している。

○ウルリッヒ・ベック（島村賢一訳）『ナショナリズムの超克――グローバル時代の世界政治経済学』NTT 出版、2008 年

　ドイツの社会学の巨人による、グローバル社会を分析するための社会学理論のパラダイム転換の試み。国民国家中心の「方法論的ナショナリズム」からの脱却と、出現しつつあるグローバル社会を理解するための「コスモポリタンな現実主義」の提案。原著は 2002 年に刊行。

第2章　グローバリゼーションのメタファー

1.「流れ」「渦」「沈殿物」

　前章では、他者／社会に対する想像力を学び育むことの重要性について考えた。だが、直接目の前に存在せず具体的にイメージしにくい他者や社会のあり方が、自分にどう関係するのかを想像するのは簡単ではない。そのための有効な方法として、「メタファー（暗喩）」を活用した思考がある。

　「たとえ話」はしばしば非科学的だとされる。確かに、たとえ話だけでは科学は成立しない。社会学でも、質的・量的調査の手法によってデータや資料を集め、既存の理論の検討を通じて構築された仮説を検証するという研究の進め方が標準的なものとされている。

　だが実際には、そのようにして集めた情報を整理・分析して概念化・理論化していく際に、メタファーを用いた思考は有効である。社会学者ジョン・アーリが指摘したように、かつての社会「有機体」論から、「交換」「視角」「建物＝構造」など、様々なメタファーが社会学の理論構築に活用されてきた[1]。あるいは「生態系（エコロジー）」「法則」「複雑系」といった、自然科学の概念のアナロジーを用いた理論構築の試みも行われてきた[2]。目の前の事象の記述や分析から一歩離れ、その事象がより広い社会的文脈のなかでどのように位置づけられているのか、そしてそれが自分自身とどのよ

---

1) ジョン・アーリ（吉原直樹監訳）『社会を越える社会学──移動・環境・シチズンシップ』法政大学出版局、2006年、37-86ページ。
2) 同上。およびジョン・アーリ（吉原直樹監訳）『グローバルな複雑性』法政大学出版局、2014年。

うに関わっているのかを考える際、メタファー的思考は豊かな想像力の源となる。

たとえばアーリは、グローバリゼーション*という社会現象を理解する際に、「移動」をイメージさせるメタファー、特に「フロー（流れ）」と「ネットワーク（あるいはスケイプ）」という言葉の有効性を強調した[3]。これらに類似する言葉はグローバリゼーションをめぐる議論において、しばしばそれがメタファーだと気づかれないほどに頻出する。「流れ」は、人、モノ、カネ、情報等の国境を越えた頻繁な移動の過程を表現している。それに対して「ネットワーク」はそれらの流れを方向づけ統制するために作られる制度、いわば「水路」というイメージである。このようなメタファーを用いることで、政府や企業などが「流れ」を「水路」によって制御しようとするという関係を明確に想像できる。そして川の流れがしばしば水路の堤防を越えて氾濫するように、人、モノ、カネ、情報等の流れも、しばしばネットワークの制御の限界を超えて氾濫する。国境を越える難民の激増、輸入品の優位による国内産業の衰退や低賃金労働者の流入による国内労働市場の条件悪化、世界的な金融危機、SNSを媒介にして引き起こされる反政府・市民運動といった現象が、それにあたる。そして洪水の後、残された堆積物によって水路の流れが変わっていることがあるように、ネットワーク自体がフローによって変えられていくこともある。

テッサ・モーリス゠スズキは、既存の国境線を自明視した「地域（国家）」を前提とした地域研究のあり方に異議を申し立てた。そして「地域（国家）」を、外部から絶えず流れ込んでくる人・モノ・カネ・情報のおびただしい「流れ（フロー）」が合流して形成され

---

[3] アーリ 2006 年前掲書、57-59 ページ。

る「渦」と見なす分析視角を提唱した[4]。「渦」の内側と外側には境界が形成されるが、それは「流れ」の変化によって絶えず変わるし、「渦」の内部のあり方も常に変化する。そうしたグローバリゼーションの進展は、「流れ（フロー）」を加速・増量させている。モーリス＝スズキの言う「渦」とは、制御しきれない人・モノ・カネ・情報等の移動としての「流れ（フロー）」が、人々の住む空間／場所、すなわち領域性に影響を与えていくありさまを表現したメタファーである。

　この「渦」というメタファーに私が付け加えたいのは、水の底に沈殿していた堆積物が「渦」によって巻き上げられていくイメージである。この場合、「堆積物」とは「流れ」が以前もたらした歴史や集合的記憶のことである。古い堆積物が新しい渦によって水面近くに浮上し、新しく流れ込んだものと混ざり合い、それまでと継続していつつも少し異なった堆積物が再び沈殿していく。それは、ある場所の集合的記憶が現代の出来事によって呼び覚まされ、再解釈され、歴史が語られ直されていくプロセスを表現している。それは保苅実の言う、私たちが日常において行う「歴史実践」[5]であり、また歴史学や外交、政治の舞台で繰り広げられる、歴史の解釈をめぐる論争でもある[6]。

　このように、メタファーを適切に用いることで、私たちは社会や

---

4) テッサ・モーリス－スズキ（松村美穂ほか訳）「液状化する地域研究──移動のなかの北東アジア」『多言語多文化──実践と研究』2号、2009年、4－25ページ。
5) 保苅実『ラディカル・オーラル・ヒストリー──オーストラリア先住民アボリジニの歴史実践』御茶の水書房、2004年。
6) テッサ・モーリス＝スズキ（田代泰子訳）『過去は死なない──メディア・記憶・歴史』岩波書店、2004年。

歴史の成り立ちや、そこで起こっている現象を具体的なイメージとともに理解することが可能になる。しかしもちろん、メタファーも濫用すれば、実際の出来事とイメージの乖離をもたらしかねない。地理学者のドリーン・マッシーは、人文社会科学者が自然科学の概念を比喩的に用いて自説を正当化しがちなことに警鐘を鳴らした[7]。それでも彼女自身が実践しているように、メタファーで考えることは、そうでなければ結びつかない多様な思考や発想を結びつけ、交流させることで新たな視点をもたらすこともある。したがって、社会現象を理解する際にメタファーをいかに的確に用いることができるかどうかが問われる。つまり、それは単なる「言葉遊び」になってはいけない。

　メタファーを使った社会学的思考と言葉遊びの境界線はいつも曖昧であるが、言葉遊びにならないためには、そのメタファーは少なくとも実証的・論理的な経験・考察にある程度まで裏付けられていなければならない。ただし、メタファーが社会学的思考でありうる条件はそれだけではない。そもそも、私たちはメタファー的表現を、自分の考えていることをほかの誰かにわかりやすく伝えるために用いる。それゆえ、メタファー的思考には、そのメタファーが他者に伝わったときに他者がどのように解釈するかを、あらかじめ考慮することが含まれる。それが十分にわかりやすいものなら、そのメタファー的表現を受け取った相手はそれに刺激され、新しい思考と表現を加えて自分に返してくれるだろう。それに、いかにして応答するか。つまり、その人が社会と他者への「真摯さ（truthfulness）」*[8]を伴う強勢で臨む限り、メタファー的思考は私たちの想像力と対話

---

7) ドリーン・マッシー（森正人・伊澤高志訳）『空間のために』月曜社、2014年、70ページ。

可能性を広げていく。

2．「抗う」「乗りこなす」「流される」[9]

　「流れ」「ネットワーク」「渦」といったメタファーで表現されるグローバリゼーションは、誰もが聞いたことがあるが、定義が曖昧なままに使われることが多い。それはつまり「世界が分断しながらひとつになる」という、一見すると矛盾する過程である。もう少し詳しく定義すれば「資本主義市場経済の拡大とともに国境を含むあらゆる境界がゆらぎ、世界中で政治・経済・社会・文化の相互浸透・相互依存が進行しながら、それが対立や葛藤を生み出していく過程」となるだろうか。この定義が意味するところについては次章で詳しく述べるが、本章ではメタファー的思考をもう少し続けて、グローバリゼーションという社会変動のイメージを明確にしてみる。

　グローバリゼーションは、政治・経済・社会・文化の領域で同時進行している。それゆえもっとも広く捉えれば、それは私たちを取り巻く「時代の流れ」そのものである。この時代潮流に対する評価は、論者によって多様である。チャールズ・レマートらは、グローバリゼーションに関する社会科学的な議論を①（親）グローバリスト、②反グローバリスト（懐疑論者）、③トランスフォーマリスト（変革主義者）、④ポスト（ラディカル）・グローバリストに分類した[10]。①は、グローバリゼーションを主に経済面から捉え、一体化したグ

---

8) ここでの議論は、モーリス＝スズキの「歴史への真摯さ」についての議論に触発されている（モーリス＝スズキ 2004 年前掲書、33-36 ページ）。
9) 大澤真幸・塩原良和・橋本努・和田伸一郎『ナショナリズムとグローバリズム——越境と愛国のパラドックス』新曜社、2014 年、217-223 ページ。
10) Charles Lemart et al. eds., *Globalization: A Reader*. New York: Routledge, 2010, pp. 203-208.

ローバル市場の形成を不可避かつ基本的には望ましいものとして、それに対応するための国家・企業・個人の改革を説く。それに対して②は、グローバリゼーションと呼ばれる現象は決して現代に特殊なものではないと考え、そうした潮流に反旗を翻す。一方、③と④はグローバリゼーションを経済的側面のみならず社会・文化・政治のすべての側面における大きな変化であり、抗うことが難しいことを強調する。そのうえで、③はグローバリゼーションを、「前期近代」の社会で発生した様々なリスクを乗り越えて変革していく、自己再帰的な「高度（後期）近代」*の社会のあり方と捉える。それに対して④はグローバリゼーションを後戻りできない決定的な人類社会の変化だとして、そのネガティブな影響に対処していくためのより根本的な変容を模索している。

「時代の流れ」という表現は、制御しきれないものとしての「流れ（フロー）」という先述したメタファーのバリエーションである。この「流れ」と私たちの人生との関係を示すためにしばしば使われる表現が「船」である。私たちは、人生を航海になぞらえる。グローバリゼーションという大きな時代の流れと、私たちの人生という船の関わり方のイメージは、以下のように分かれるだろう。

第一に、その流れに徹底的に抗うという選択肢である。これは急流をさかのぼろうとするカヌー競技、あるいは流されまいとして懸命に留まろうとするモーターボートのイメージである。第二に、ある程度流れに身を任せながら、自分の行き先に到達するためにそれを乗りこなすという選択肢がある。これは、風を巧みに操り波を切って進むヨットのイメージである。第三に、流れのなかで完全に自律性を失って流されてしまうという選択肢であり、これはエンジンの壊れた漂流船のイメージである。

このうち、もっとも「力」が必要なのは1番目の「流れに抗う」

という関わり方である。この「力」とは個人の主体性（自分の人生に対する自己決定可能性）と、それを可能にする潜在能力＊のメタファーである。流れが急であればあるほど、逆らったり留まったりするのには大きな力が必要である。つまり時代の変化の流れが激しいほど、それに抗して変わらずに、動かずにいることは、個人の主体的な選択となる。ただし流れが急になればなるほど、この選択には強大な力と意思が必要である。それゆえ多くの人々は多かれ少なかれ、第二の「流れを乗りこなす」選択肢を選ぶ。だが完全に流れに任せてしまっては遭難してしまうから、慎重に航路を保つだけの力が必要である。流れのない淀みに入り込んでしまったら、自分でオールを漕ぐ必要もある。嵐に入り込まないように強引に進路を変えることも、ときには必要だ。つまり、この選択肢をとろうとするにも、それ相応の力が必要だということになる。一方、③のように、エンジンが無力化し舵取りも不可能になり、「流される」がままに船の上から空を眺めているしかない漂流船のイメージは、グローバリゼーションという時代の流れに対する個人の無力さ、自分の人生を自己決定することの不可能性を表現している。

　こうした思考から明らかになるのは、不可避な時代の流れとしてのグローバリゼーションに対処する私たちの主体性は、移動すること自体ではなく、どのくらいその移動を自己決定できるかという可能性として体験されるということである。時代に流されるという感覚を抱くとき、私たちは自分の「無力さ」を痛感している。そして、時代の流れに乗らず、抗い続ける生き方を貫いた（ように見える）人に、私たちはあたかも「超人」であるかのように畏敬の念を抱く。つまりグローバリゼーションの時代においては、自分の意思で動かずにいられる人がもっとも自己決定可能性が高く、自分の意思にかかわらず動かざるをえない人がもっともそれが弱く、大半の人々は

その中間にいるということだ。

3.「庭」「荒海」「吹き溜まり」

　時代の流れと私たちの力という、グローバリゼーションと個人の関係性のイメージは、グローバリゼーションを「庭」「荒海」「吹き溜まり」というメタファーによって表現可能な三層構造として理解する視座をもたらす。それは、個人がどれだけ、どのように移動するか／しないかを自己決定できるかに応じて、分断されたグローバリゼーションの現実を異なって経験するということである。

　移動する力にもっとも恵まれた人々は、グローバリゼーションを自らの利益や幸福を最大化する好機として経験する。リチャード・フロリダが「スーパー・クリエイティブ・コア」＊と呼ぶ人々、すなわち「グローバル・エリート」がその典型である[11]。このような人々は専門技術や語学力、コーディネーション・コミュニケーション能力といった人的資本に優れ、グローバルな労働市場を渡り歩くために必要な社会関係資本＊を持っている[12]。それゆえかれらは既存の国民・言語・文化・情報の境界線を自由に移動し、自らの能力を活用する機会を獲得できる。こうしたグローバル・エリートにとって国境などたいして意味はなく、世界は自分の家の「庭」のようなものでしかない。それはトーマス・フリードマンが提起した「フラット化」した世界というイメージである[13]。このフラットな

---

11) リチャード・フロリダ（井口典夫訳）『クリエイティブ資本論――新たな経済階級（クリエイティブ・クラス）の台頭』ダイヤモンド社、2008年。
12) ロバート・D．パットナム（柴内康文訳）『孤独なボウリング――米国コミュニティの崩壊と再生』柏書房、2006年。
13) トーマス・フリードマン（伏見威蕃訳）『フラット化する世界――経済の大転換と人間の未来（増補改訂版）』日本経済新聞出版社、2008年。

「庭」は、次章で論じるような意味で「標準化」されたシステムによって維持されている。だから国境をまたにかけて活躍するグローバル・エリートが経験することは、どこの社会でも似通ったものになりがちである[14]。かれらは、自らの経験を「移住」であるとすら感じないかもしれない[15]。国境を越えても、自らが親しんだグローバル市場の論理とミドルクラス的生活様式に囲まれて生活できるからだ。こうした人々にとって、国境を越えることは自宅の庭を散歩するようなものなのだ。これはジグムント・バウマンが「旅行者」というメタファーで表した、グローバルな移動の経験に近い[16]。

しかしこうした人々のすべてが、豪華クルーザーやプライベートジェットで国境をまたにかけて移動する、文字どおりの「スーパーリッチ」[17]であるはずはない。そもそも移動する無限大の力がある人間など現実には存在せず、あくまでも理念型にすぎない。にもかかわらず、世界を「庭」とするような生き方を至高のものとして掲げ、人々に「フラット化」されたグローバル市場への適応を要求する、新自由主義的なグローバリストたちも存在する。人々は市場に

---

14) ジョン・トムリンソン（片岡信訳）『グローバリゼーション――文化帝国主義を超えて』青土社、2000年。
15) ガッサン・ハージ（塩原良和訳）「存在論的移動のエスノグラフィ――想像でもなく複数調査地的でもないディアスポラ研究について」伊豫谷登士翁編『移動から場所を問う――現代移民研究の課題』有信堂高文社、2007年、27-49ページ。
16) ジグムント・バウマン（澤田眞治・中井愛子訳）『グローバリゼーション――人間への影響』法政大学出版局、2010年、107-144ページ。
17) John Urry, "Super-rich and Offshore Worlds," in Thomas Birtchnell and Javier Caletrio, eds., *Elite Mobilities*. London and New York: Routledge, 2014, pp. 226-240.

対して「フレキシブル」になることを促され、そうなれなかった人々はその結末を「自己責任」として受け入れろと強いられる。こうした「グローバル・エリートになりたい人々」のうち、実際に移住して自立と自己実現を目指す人々を「グローバル・マルチカルチュラル・ミドルクラス（GMMC）」と呼んでみよう[18]。「庭」の住民たるスーパーリッチに憧れ、グローバリゼーションが生み出すフラットな「庭」としてのボーダーレスな市場経済に足を踏み入れようとするGMMCは、新自由主義の倫理を内面化して絶えざる自己啓発・自己開発を続けていくことになる。

　だが、結局のところグローバル・エリートはおろか、GMMCになれる人々すらごくわずかである。中層ミドルクラスや、より下層のロウワークラスの人々の大半には、移動する力はあるが、自らの思いどおりに人生を統治できるほど十分にはない。そうした人々の経験するグローバリゼーションの現実は「荒海」と表現できるだろう。グローバルエリートたちの「庭」の住民になるほどはモビリティがないため、国内、地域内に留まらざるをえない中下層ミドルクラスの人々には、グローバリゼーションは人生における自己決定可能性を奪いかねない、激しい社会変動として経験される。さしずめそれは、荒海を進む小さなヨットのイメージであろう。人々は懸命に自分の人生の航路を保とうとするが、自分ではどうすることもできない力によってその航路は乱れ、思いもかけないところに流されていく。

　このように、荒海にいる人々も移動するが、それは自分の人生が

---

18) 塩原良和「グローバル・マルチカルチュラル・ミドルクラスと分断されるシティズンシップ」駒井洋監修／五十嵐泰正・明石純一編著『「グローバル人材」をめぐる政策と現実』明石書店、2015年、222-237ページ。

思うに任せないという「流される」経験に近いことが多い。このような状況では、人々は自分のわずかな力を後生大事に使わなければならない。何者かにそれを奪われることに被害妄想めいた警戒心を抱きがちになるし、「不当な」やり方で自分よりも力を持つに至ったかのように思える他者に、怒りの念を抱きがちになる。

こうして荒海としてのグローバリゼーションを経験する人々に、他者を排除・憎悪するナショナリズムやレイシズムが広まる。守るべき財産・職場・経歴がわずかでもある者は、それらが失われるのではないかという不安（パラノイア）を抱えることになる（第8章参照）。そして自らの既得権益を守ろうとする、ミドルクラスの保守化傾向が生じる。自分たちの既得権益を脅かしているのがグローバリゼーションそのものにほかならないと教えられたとしても、彼・彼女らにとっては何の解決にもならない。何しろそれは大きな時代の潮流である。大海の魚が海流に抗することができないように、私たちは流れに抗することができない。しかし人々は、自分がまだ自分の人生を統治可能であると思いたい。それゆえ、より身近なところに自らの不安の原因を見つけ出そうとする。その際にしばしば起こるのが、マイノリティや社会的弱者を他者化して排斥する風潮である。

それに対し、移動する力が中層ミドルクラスよりもさらにわずかしかないロウワークラスの人々は、既得権益を奪われるという不安をしばしば現実のものとして経験してしまう。大切なものを失った経験は、不安を怨念（ルサンチマン）に変える。その怨念は社会全体に向けられることもあるが、自分よりも下に位置する人々を排斥する衝動となり、マイノリティに対する暴力やレイシズムとして顕在化することもある。

そしてこうした暴力の犠牲者となったマイノリティや、市場で搾

取され続けたマジョリティたちは、ついに動く力を失う。流され続けてきた人々には、やがて沈黙が訪れる。そこはグローバリゼーションの荒海に生じた「吹き溜まり」である。そこにはもはや、動く力を失った（ディスエンパワーされた）人々を外へ連れ出してくれる、いかなる流れも風もない。もちろん、吹き溜まりに落ち込んだ人々とて死んでいるわけではないし、完全に希望を失ったわけではないかもしれない。彼・彼女らはなんとかそこから抜け出そうとし、小さなうめき声をあげる。しかしその声は小さすぎるし、政治や社会の構造に阻まれて、フラット化された庭の主人たちには届かない。自ら動く力を失った人々は、その澱みから脱することができず、底に沈殿していく。これはバウマンのメタファーである、新自由主義国家において社会的に排除され「廃棄物処理場」に落ち込んだ「人間廃棄物」としてのアンダークラスの人々、あるいはポストコロニアル研究において提起されてきた、サバルタン*である[19]。

　一方、荒海の旅人たちは、自分たちの流されていく先に、一度落ち込んだらまず抜け出せない吹き溜まりがあることを予感する。しかし、荒海と吹き溜まり／ゴミ捨て場を隔てるセーフティ・ネットという境界線は新自由主義「改革」によって穴だらけになり、落ち込んだ人々を助けようとして手を差し伸べたら、自分のほうがゴミ捨て場に流れ落ちてしまうかもしれない。だからこそかれらは「自己責任」の名のもとに、自分より先に吹き溜まりに落ち込んだ人々を見て見ぬふりをする。こうして吹き溜まり／ゴミ捨て場に落ち込んだ人々は、いっそう不可視な存在となる。

　現実の世界でこうしたイメージに近い状況に置かれがちなのは、

---

19)　ジグムント・バウマン（中島道男訳）『廃棄された生——モダニティとその追放者』昭和堂、2007年。

グローバリゼーションの流れに対処するだけの力がない貧困層であり、とりわけ故国を追われてたどり着いた先で不安定な生活を強いられる、難民や庇護希望者だろう。かれらも含め、様々な事情のため、移住先で非正規滞在者（「不法移民」）として暮らさなければならない人々には国家の保護が十分に及ばず、政府や受け入れ先社会によって物理的・社会的に排除されることもある。流されてきたかれらには、難民キャンプや収容所などでの移動の自由を奪われた過酷な生活が待っていることがしばしばである（第4章参照）。バウマンはこのような人々を「放浪者」というメタファーで表した[20]。

---

20) バウマン2010年前掲書、125-132ページ。

キーワード

メタファー（metaphor）
→本文29ページ参照。

グローバリゼーション（globalization）
グローバリゼーションの定義については本文33ページ参照。それはしばしば「世界がひとつになること」と形容されるが、必ずしも「同じになること（均質化）」を意味しない。グローバリゼーションは国家や社会が運営されるシステムを標準化していくが、文化や価値観の接触によって様々なハイブリディティのあり方を生み出し（グローカル化）、また相互の反発から差異化がなされることもある（第3章参照）。さらにグローバリゼーションをどのように経験するかによって、人々のあいだにリアリティの分断が生まれるのは本文で述べたとおりである。

（歴史への）真摯さ（(historical) truthfulness）
テッサ・モーリス＝スズキは、人々が自らと歴史との「連累」（第

1章13ページ参照）について考察する際に、過去の出来事と人々のあいだに開かれた発展的な関係、すなわち「歴史への真摯さ」が必要であると主張した。それは、歴史知識が様々なメディアや記録を通じて伝達されていく過程でどのように形成・変容していったのかを理解し、そこから生じる多様な歴史解釈と対話する継続的な努力を意味する。モーリス＝スズキはこうした批判的理解と開かれた対話の広がりが、歴史修正主義に対する抵抗の契機となると考えた（田代泰子訳『過去は死なない――メディア・記憶・歴史』岩波書店、2004年）。

高度（後期）近代（high (late) modernity）
　→第6章キーワード参照。

潜在能力（capability）
　アマルティア・センによれば、潜在能力とは人間が選択することのできる様々な行為や状況の組み合わせであり、所得や資産を利用して様々な生活を送ることができる個人の可能性である（徳永澄憲ほか訳『アマルティア・セン講義　経済学と倫理学』筑摩書房、2016年、164ページ）。

スーパー・クリエイティブ・コア（super creative core）
　リチャード・フロリダは、知識や情報をもとに新たな何かを創造する仕事に就く「クリエイティブ・クラス」が先進諸国で台頭しているとし、その中核となる研究者、芸術家、評論家、デザイナーなどをスーパー・クリエイティブ・コアと呼んだ（井口典夫訳『クリエイティブ資本論――新たな経済階級(クリエイティブ・クラス)の台頭』ダイヤモンド社、2008年）。

社会関係資本（social capital）
　→第3章キーワード参照。

旅行者／放浪者（tourists/vagabonds）
　→本文37、41ページ参照。

グローバル・マルチカルチュラル・ミドルクラス（global multicultural middle class）
　→本文38ページ参照。

サバルタン（subaltern）
　→第6章キーワード参照。

文献案内

○ジョン・アーリ（吉原直樹監訳）『社会を越える社会学——移動・環境・シチズンシップ』法政大学出版局、2006年

　英国を代表する理論社会学者であったアーリは2000年に原著が刊行された本書で、グローバルなネットワークとフローが交錯し、国民国家とシチズンシップのあり方が変容していくありさまを市民社会、時間‐空間、そして移動といった視点から論じた。

○ジグムント・バウマン（澤田眞治・中井愛子訳）『グローバリゼーション——人間への影響』法政大学出版局、2010年

　挑発的で刺激的な著作を数多く発表してきた社会学者が、1998年に発表したグローバリゼーション論。グローバリゼーションの影響が日常や生活空間に及ぶ結果、人々の経験が分断され、国家主権の力が低下した世界のなかで移動し続ける。こうしたイメージは、グローバリゼーションを社会学的に理解する際の前提となっている。

○駒井洋監修／五十嵐泰正・明石純一編著『「グローバル人材」をめぐる政策と現実』明石書店、2015年

　ホワイトカラーや専門・管理・技術職など「高度人材」(「グローバル人材」)と呼ばれる人々の国際移動の様相と、そうした人々を誘致しようとする各国の政策の現状を国際比較・社会学・ビジネスの現場など多様な角度から検討した、意欲的な論集。

第3章 | 移動(モビリティ)することについて

1. 物理的移動——移住者・定住者・越境者

　大きな流れを進む船。前章で描いたグローバリゼーションと個人の関わりのメタファーは「人生航路」という、演歌のタイトルにでもなりそうなフレーズを思い起こさせる。私たちは時代の流れを船で進むように、人生を生きる。つまり、私たちの人生は「移動（モビリティ）」という概念で表現できる。

　グローバリゼーションという社会変動に特徴的なモビリティとして、もっともわかりやすいのは、国境を越えた人の移動の増大だろう。移住者（移民・難民）は年々増加し、2015年には世界人口の3.3%にあたる2.4億人が移住者であった[1]。また交通手段の飛躍的な発展とともに、国境を越えて観光や職業活動を行う人々も激増した。数ある境界線のなかで特別な意味があった「国境」を越える行為は、かつてほど特別なことではなくなりつつある。

　それゆえ、国境を越えて移り住む人々を「移住者」と呼び、そうではない人々を「定住者」と呼ぶ区別も、次第に曖昧になりつつある[2]。もちろん、単なる旅行や出張ではなく、国境を越えて移住することには、多くの人々にとってまだまだ特別な意味がある。しかし、たとえ永住を意図した移住をする将来展望がない人でも、数週間から数ヶ月の語学研修やインターン、1年間から数年間の留学や

---

[1] 鈴木江理子「データから考える日本の多文化化」『三田評論』1203号、2016年8月、26ページ。
[2] 大澤真幸・塩原良和・橋本努・和田伸一郎『ナショナリズムとグローバリズム——越境と愛国のパラドックス』新曜社、2014年、266-271ページ。

ワーキングホリデー、長期にわたる海外赴任などで、人生のどこかで海外「在住」経験をする可能性は増しており、多くの人が一度くらいは、海外に住むことを現実的な人生の選択肢として考える。国外に住むこと自体は、少数のエリートや富裕層の特権ではない。それでは海外にどのくらい住めば、海外在住者は移住者になるのだろうか。行政的・技術的な区別はあるが、そこに根本的な違いはない。グローバリゼーションの時代は、私たちの大半が移住者でもあり、定住者でもありうる時代なのだ*。あるいは、私たちは、国境を頻繁に越えながら生活する「越境者」として生きているのだ。

　移住者と呼ばれる人々の内実も、多様化してきている。少し前までは、貧しい発展途上国から豊かな生活を求めて先進国にやってくる非熟練労働者、という移住者のイメージが支配的であった。もちろん、いまでもそのような人々は多い。また難民や庇護希望者のように、戦争や迫害などで故郷を離れざるをえなくなる人々もたくさんいる。かれらは十分な準備や資力なしで故郷を離れるため、豊かで安全な国々に非正規のルートで渡航しようとする者もいる。しかし今日の先進諸国政府は国内産業の競争力を維持し、治安悪化やテロリズムの脅威を懸念する世論に配慮するために、人々が発展途上国から自国内に管理困難なかたちで流入するのにますます不寛容になっている。多くの国々で非正規入国者の取り締まりが強化され、庇護申請が認められにくくなっている[3]。その結果、かれらの多くは難民キャンプや一時収容施設などで、尊厳や権利、人生の可能性を剝奪された状況に追いやられる。幸運にも移住先のビザを取得し

---

3) 塩原良和「オセアニアから見えてくるもの——トランスナショナルな想像力へのレッスン」西原和久・樽本英樹編『現代人の国際社会学・入門——トランスナショナリズムという視点』有斐閣、2016年、241-258ページ。

たとしても、経済的に低い地位や偏見や不審のまなざしにさらされた生活が待っていることもある。総じて、難民や庇護希望者は前章で紹介した「放浪者」のメタファーで表現可能な、グローバリゼーションの「吹き溜まり／ゴミ捨て場」のリアリティを経験してしまう人々である。

　その一方で、今日では比較的高度な学歴や技能を身に着け、移住先でも社会的中・上層の生活を送る専門職・ミドルクラス移民、すなわち前章で述べたグローバル・エリートやGMMC（グローバル・マルチカルチュラル・ミドルクラス）の存在感が増している。こうした専門職・ミドルクラス移民（日本では「外国人高度人材」とも呼ばれる）は途上国から先進国に移動するだけではなく、先進国間や、場合によっては先進国から途上国へも移動する。やはり前章で述べたバウマンの「旅行者」のメタファーで表現可能なこうした人々を誘致し歓待するために、多くの国々は出入国手続きを簡素化したり、例外措置を講じることによって他の外国人や自国民には与えられていない権利や特権をかれらに付与することもある[4]。こうして、かれらはグローバルな「庭」の住民になる。

　また「旅行者」と「放浪者」の中間的な存在である、非熟練・半熟練移住労働者に関しても、特定業種の労働力不足に悩む先進諸国には受け入れ需要がある。こうした人々の受け入れのあり方は、各国の制度によって大きく異なっている。ひとつの傾向として、非熟練・半熟練移住労働者は永住を前提としない制度で入国する場合も多い。その場合、こうした人々は移住者というよりは「滞留者」と

---

[4] 塩原良和「グローバル・マルチカルチュラル・ミドルクラスと分断されるシティズンシップ」駒井洋監修／五十嵐泰正・明石純一編著『「グローバル人材」をめぐる政策と現実』明石書店、2015年、222-237ページ。

呼ばれるべきなのかもしれない[5]。また永住を意図した移住の場合でも、かつてはいったん移住すれば故郷に帰ることは難しかったが、現在では交通手段の進歩と低コスト化によって故郷と移住先を頻繁に行き来することも珍しくなくなった。また最初に移住した国から別の国へと移住していく人々もいる（「循環移住」）[6]。

さらに、かつて移民という言葉には男性の「出稼ぎ労働者」というイメージが強かったのに対して、結婚移住や家事労働者として（そして一部は「高度人材」として）移住する女性も増加してきた（「移民の女性化」）[7]。

2．象徴的な移動——階層移動とライフコース／ステージ

ところで、私たちの人生をモビリティという概念で考える際、それは物理的な移動のことだけではなく象徴的な意味での移動も含む。たとえば社会学では、個人が異なる社会階層＊間を移動することを「階層移動」という。下層の人が中上層になること（成り上がる）を「社会的上方移動（upward social mobilization）」、その逆（落ちぶれる）は「社会的下方移動」という。そうした移動のあり方は、その人の持つ経済的資本（所得、資産等）、人的資本（学歴、スキル等）、文化資本（教養、趣味、センス等）、社会関係資本（人脈、つながり）などに左右される＊。

また社会学には「ライフコース／ステージ」「ライフサイクル」＊という考え方もある。個人が年齢を重ねるにつれて心理的に、あるいは社会的な地位・役割の面で変化していくことを「人生のコース

---

5) 大澤ほか2014年前掲書、266-271ページ。
6) 塩原2015年前掲論文。
7) 大澤ほか2014年前掲書、266-271ページ。

を歩む」、「次のステージに立つ」、「次の世代へのバトンタッチ」といった、移動のニュアンスを含むメタファーで表しているのだ。

かつては、人々がたどる人生のコースには、誕生から死まで誰もが普遍的にたどる標準的なモデルがあり、それが次世代にも受け継がれていく、といった発想に説得力があった。それは欧米の市民／国民社会を暗黙のうちに前提としていたが、ライフ「サイクル」という言葉は、仏教などの輪廻転生、生まれ変わりの教えも連想させる。

しかし、このような標準モデルの発想では、個々人の人生が多様化する現代社会を理解することが難しくなった。また、それはひとつの国民社会に住む人々を均質に捉える発想（方法論的ナショナリズム）[8]を、暗黙のうちに内包していた。そのため、個人の選択の多様性を前提として個人の生活史を捉えたうえで、個人の人生経験（ライフコース）をその人を取り巻く社会構造や歴史的文脈との関連から理解する発想が有力になった[9]。一方、人生を乳児期、児童期、思春期、青年期、成人期、成熟期などと発達段階に対応して区別するライフステージという発想もある。現代日本の大学生は思春期から青年期を経て、やがて就職活動を経て社会人という「人生の次のステージ」に移行する。

ガッサン・ハージは、人間にとっての移動を物理的移動と存在論的移動に区別する[10]。存在論的移動とは、自分の人生が停滞することなく、「より良い方向に進んでいるかどうか」という感覚のことである。存在論的移動と物理的移動は、必ずしも対応しない。た

---

8) 西原和久・樽本英樹編『現代人の国際社会学・入門——トランスナショナリズムという視点』有斐閣、2016年、19-34ページ。
9) 同志社大学政策学部10周年記念出版編集委員会編『ライフコースの変化に政策はどう向きあうか』学芸出版社、2014年。

とえば、現代日本においても依然として多くの人にとって人生の目標のひとつである「マイホームを持つ」というのは、むしろひとつの場所＝持ち家に物理的に留まり続ける人生を示唆している。しかしそれは、「将来マイホームが持てるくらい、自分の人生が良い方向に進む（良い会社に就職し、良い収入を得て、良い結婚をし、家庭を築く）」ということに自分の人生の意義を見出しているという意味では、存在論的に移動しようとする希望である。この存在論的移動の感覚においては、うまくいかない出来事は「ドツボにはまる」「スタック（stack）する」といった、「停滞」を含意するメタファーで表現される。

3. 社会・文化的条件としてのモビリティ——コスモポリタニズムと分断

　ここまでの議論をいったんまとめておく。モビリティという概念は第一に、個人の移動可能性という意味で用いられる。それは空間的・階層的・存在論的な位置をどの程度自己決定できるかを左右する、個人の潜在能力である。これは前章で述べた、個人が「庭」「荒海」「吹き溜まり／ゴミ捨て場」というグローバリゼーションの３層のリアリティのどれを経験するかを決める「力」のことである。

　第二に、そうした人々の空間的・階層的・存在論的な位置の上方／下方移動を促進する経済・社会・文化的条件という意味でも、モビリティという概念は用いられる。この意味でのモビリティの増加は、バウマンが「液状化する近代（リキッド・モダニティ）」＊と呼

10）　ガッサン・ハージ（塩原良和訳）「存在論的移動のエスノグラフィ——想像でもなく複数調査地的でもないディアスポラ研究について」伊豫谷登士翁編『移動から場所を問う——現代移民研究の課題』有信堂高文社、2007年、27–49ページ。

んだ、後期近代の社会変動を意味する[11]。前期近代において「ソリッド（強固）」で、確かなものに見えていた社会構造や制度が、急速に不確かなものになっていく。それに伴い、人々を隔てていた物理的・象徴的な境界線、すなわち国境、文化、階層、幸せな人生／不幸な人生などの境界が揺らいでいく。そのような変動のうち、国民国家の境界が相対化する状況がグローバリゼーションである。グローバリゼーションによるモノ、文化、情報、資本の国境を越えた往来の活発化は、物理的な意味でも象徴的な意味でも、人々の移動を流動化していく。

　グローバリゼーションが人々の移動を条件づけるあり方には、経済的な側面と社会・文化的側面がある。このうち前者は人々の社会階層的移動を流動化させ、それを通じて存在論的移動に影響を与える。その具体的なメカニズムについては、第5章で詳細に論じたい。以下、本章ではグローバリゼーションの社会・文化的側面が人々の移動にもたらす影響について考察する。それは一方では、文化が境界を越えて混ざりあいながら変化することで、人々の相互理解可能性を増大させ、人々が国民文化に囚われないアイデンティティを形成する契機をもたらす。それは、人々が物理的に国境を越えて、より良いライフコースを選択する象徴的移動を行う能力の素地にもなる。換言すれば、グローバリゼーションはコスモポリタニズムの成立可能性を増大させる。しかし他方では、グローバリゼーションは人々に分断や紛争をもたらし、移動や交流を困難にする。その結果、一部の人々の人生の展望が奪われ、絶望からしばしば暴力が生み出されてしまう。

11）　ジークムント・バウマン（森田典正訳）『リキッド・モダニティ——液状化する社会』大月書店、2001年。

3-1. グローカル化とハイブリッド化

　グローバリゼーションについての議論には、グローバリゼーションによって世界中の文化が似たものになっていくという「均質化」の側面を強調するものがある。その典型は、グローバリゼーションを「米国文化」の普及と同一視する「文化帝国主義」論である＊。こうした主張によれば、米国の生活様式・消費主義・メディア文化の普及によってそれ以外の国や地域の文化が破壊される[12]。確かに、グローバリゼーションには世界中に市場原理による大量消費文化を広める傾向がある。日本社会においても、様々なモノが気軽に手に入り、生活が便利になっていく一方で、たとえば食べ物の季節の旬を愛でる感覚や、自然に根差した生活や自然への感謝の気持ちが失われているという主張や、海外から輸入される安い農作物が日本の農業を衰退させ、日本文化の根本であるコメ作りの伝統が失われるといった主張も根強い。海外からの文化の流入が、日本の古き良き道徳観念を衰退させるという主張である。

　だが、グローバリゼーションによって文化の均質化が進むという見解は、やや単純に過ぎる。文化は境界を越えて広がっていくとともに、その土地の文脈に沿って「ローカル化」していくからだ。わかりやすい例として、マクドナルドは米国から世界中に広がっているが、日本のマクドナルドは「テリヤキバーガー」「月見バーガー」などとローカル化している。あるいはそこから「ライスバーガー」のように、日本的としか言いようのないメニューを展開をするハンバーガーチェーンも現れる。あるいは中華料理は世界中に広がっているが、日本の「ラーメン」は、中国とはだいぶ異なってローカル化している。インド料理と日本の「カレーライス」の関係もそ

---

12) 大澤ほか2014年前掲書、217-223ページ。

うである[13]。

　ある文化が境界を越えてグローバル化する際、ローカルな要素を取り込んで多様化しながら広がっていくこうしたプロセスを、ローランド・ロバートソンらは「グローカル化」と呼んだ[14]。こうしたグローカル化は必然的に、文化のハイブリッド化を促進する。現代日本社会を例にとれば、私たちが「日本文化」だと思っている物事が、実は文化が混ざりあった産物である事例はあちこちに見出される。

　こうした文化のハイブリッド化は、その文化と接することで形成される人々のアイデンティティ＊にも大きな影響を与える。アイデンティティには、個人の「自己同一性」または集団への「帰属意識」という、ふたつの意味がある。前者は「自分が何者であるのか（自分を自分たらしめているものは何か）」という感覚であり、後者は「自分がどのような集団に属しているのか」という感覚である。両者には共通する部分もあるが、異なる部分もある。いずれにせよ、個人のアイデンティティはその人を取り巻く文化や価値観に強く影響されて形成される。それゆえ、そうした文化自体が多様な要素が混在したハイブリッドなものであれば、たとえ日本語を話して日本に住む日本国籍の日本生まれの人でも、そのアイデンティティのあり方はハイブリッドなものになる。

　たとえばサッカーに青春を捧げてきた若者がいたとして、もちろ

---

13) もちろん、「インド料理」と呼ばれるもの自体が、現地の食文化の多様性が英国による植民地支配の過程で変質し縮約された表象でもある。ウマ・ナーラーヤン（塩原良和監訳）『文化を転位させる――アイデンティティ・伝統・第三世界フェミニズム』法政大学出版局、2010年、267-324ページ。

14) ローランド・ロバートソン（阿部美哉訳）『グローバリゼーション――地球文化の社会理論』東京大学出版会、1997年。

んサッカーは日本生まれのスポーツではない。しかし、戦術の傾向、指導者の発想、選手育成のシステムや練習環境などに、日本社会にローカル化された要素があるだろう。西洋楽器を演奏することに情熱を傾ける人なら、海外の演奏家たちとコミュニケーションをとれば、かれらに自分と共通する価値観や感覚があることがわかるかもしれない。しかし同時に、同じ音楽を演奏しているはずなのに、日本での演奏活動との感覚や価値観、社会的評価の違いなどに気づくこともあるだろう。そのようなローカル化された文化実践がその「日本人」の若者のアイデンティティの主要な構成要素なのだとすると、その人のアイデンティティは、「日本的」だとも、そうでないとも言える、ハイブリッドなものである。インターネットをはじめとする情報通信技術やメディアのグローバリゼーションは、このような傾向に拍車をかけている。

　グローバリゼーションの進行とともに私たちの文化やアイデンティティはある程度まで均質化すると同時に、グローカル化／ハイブリッド化していく。このような変化には、私たちの異文化理解を促す側面がある。今日、少なくとも先進諸国に住む人々同士で、お互いに絶対に乗り越えられない「文化の違い」を想定することは難しい。なぜなら、「われわれ」と「かれら」の文化交流と混交が進行し、共通する要素、理解しあえる要素を見出すことが容易になっているからである。たとえば「日本独自の価値観」だと言えるものを、何か思いつくだろうか。「人の和を大切にする」「おもてなし」「もったいない」「以心伝心」……。しかし実際には、それらのどれもが、日本人によって常に大切にされているわけでも、たとえば米国人にとってはまったく理解できないわけでもない。日本でも「和」がいつでも無条件に大切にされるわけではなく、逆に「自己主張こそが大事だ」と主張されたり、織田信長のように個性と自己主張が

強いとされる人物が英雄視されることも少なくない。同じように、米国でも自己主張ではなくチームワークが大切だとされることがあるし、明文化されていない「アンリトン・ルール（不文律）」によって物事が決まることもあるだろう。もちろん、それぞれの社会でどの価値観がより望ましいとされがちであるかという違いはあるが、ここで重要なのは、それは「相互理解と乗り越えが不可能な（＝共約不可能な）文化の違い」ではないということだ。「アメリカ人だから、集団主義の心理を理解することはできない」とか「日本人はアメリカ人のような個人主義者になれない」ということはない。なぜなら両方の国の文化はもともと双方の要素を含んでいるうえに、「国民文化」自体が国境を越えて相互に接触して変容していくものだからだ。

　このように、文化のグローバリゼーションは確かに世界中の人々の価値観を共有しやすくし、越境的なアイデンティティを形成する可能性を増大させる。これは、コスモポリタニズム＊の文化的基盤の確立を意味する[15]。ただしコスモポリタニズムとは、祖国や故郷といった自らの「ルーツ」へのアイデンティティを捨て去って、「根無し草」としての世界市民になることではない。それは祖国愛や故郷への愛着と必ずしも矛盾しない。むしろ、自らの「ルーツ（根）」がハイブリッドなものでもあるという認識が、同じようにハイブリッドに根づいて生きている異郷の地の人々の人生や思いを想像しやすくする。祖国や故郷を離れても、移住した先で再び「根づく」。いわば「ルーツ」を「ルート（道）」として世界の他の場所に移動したり、そこに住む人々とつながれるのが、文化的な意味でのコスモポリタンである[16]。それを可能にしているのが、文化とア

---

15) 大澤ほか2014年前掲書、296-300ページ。

3-2．強調される差異と過剰包摂/排除

このようにグローバリゼーションは、文化とアイデンティティのハイブリッド化を促進する。にもかかわらず、コスモポリタニズムとは正反対の価値観がグローバリゼーションによって増長されることもある。異なる文化や価値観の人々が境界を越えて接触する経験が、両者が「異なっている」という感覚を際立たせ、「われわれ」と「かれら」の区別をかえって強化するのだ。

この差異の感覚は、実際の差異の大きさと必ずしも比例しない。欧米などに旅行して、現地の人に中国人や韓国人と間違われたことのある日本人は少なくないだろう。それは無理もないことで、向こうから見れば人種的外見は似通っているし、同じ漢字文化圏であり、仏教や儒教文化の影響も受けている。世界の他の多くの文化に比べれば、日韓、日中の文化は互いに「似ている」だろうし、グローバリゼーションによって人や文化が交流・混交してきたことで、ますます「似てきた」側面もあるはずだ。だが現代の日本では、あたかもこの3国の人々は相互に理解しあえないと煽り立てる言説が氾濫している。中国、韓国でも、おそらく似たような事情はあるだろう[17]。政治状況によって違いが強調され、お互いに「理解不能である」と主張する言説が影響力を高めている。

均質化/ハイブリッド化への反発としての差異化というメカニズ

---

16) Ghassan Hage, *Alter-Politics: Critical Anthropology and the Radical Imagination*. Carlton: Victoria: Melbourne University Press, 2015, pp. 211-219.
17) 高原基彰『不安型ナショナリズムの時代——日韓中のネット世代が憎みあう本当の理由』洋泉社、2006年。

ムの、今日における顕著な事例は、人権や自由、民主主義といったグローバル化した西洋出自の価値観への反動としての、イスラム過激主義の台頭であろう[18]。かつて1990年代初頭、米国の政治学者サミュエル・ハンチントンは、自由民主主義の国々とそれに反発する国々との対立を軸に21世紀の国際関係が展開していくという「文明の衝突」論を提唱した。もっとも、ハンチントンによる「文明」の区分は恣意的で歴史学・人類学的根拠に乏しいものであった。だが2010年代後半の時点で、ハンチントンが予想した「西洋」対「イスラム」の「文明の衝突」が、テロリズムとして具現化しているようにも見える。

　しかし、イスラム過激派のテロリズムを「文明の衝突」や「異文化の共存（の危機）」といった言葉で把握することには大きな問題がある。第一に、多くの先進諸国において、その国に生まれ、その国の文化や価値観のもとで育ったのにもかかわらず、移民や宗教的出自を理由に社会から排除され、国外のテロリスト・ネットワークに取り込まれて事件を起こす「ホームグロウン（地元育ちの）・テロリスト」が深刻な問題となっている。近年の先進諸国で発生している宗教的過激主義の暴力のかなりの部分は、自らの社会を憎悪し、破壊しようとする人々に、よりその社会の内部から生じているのだ。貧困や格差、差別や偏見などによって自らの社会から排除されている人々は、その社会で望ましいとされる成功や栄誉、人生の意義といった価値観を共有している。それゆえに、主流派ミドルクラス国民に比べてそれを実現する機会を与えられていないという感覚（相

---

18) 塩原良和「宗教的過激主義・レイシズム・多文化主義」『図書新聞』No.3208（2015年5月30日）http://www.toshoshimbun.com/books_newspaper/week_description.php?shinbunno=3208&syosekino=8337（2017年2月3日アクセス）。

対的剝奪感）を抱きやすい。こうしてマイノリティの若者が自らの生まれ育った社会に絶望し、憎悪を募らせる状況を、ジョック・ヤングは「過剰包摂」と呼んだ[19]。この絶望と憎悪がグローバルなテロリズムのネットワークと結びついたとき、「ホームグロウン・テロリスト」が生まれる。そこでは国内社会におけるエスニック・マイノリティへの差別や排除と、グローバルな宗教的過激主義が結びついている。つまり、宗教的過激主義の暴力は国際的な安全保障問題であると同時に、国内における社会的排除の問題でもある。それが意味するのは、国内におけるマイノリティへの差別や排除、経済格差や社会的分断が深刻な社会ほど、グローバルな宗教的過激主義に対して安全保障的に脆弱になるということだ。

　第二に、今日のグローバルな宗教的過激主義は、特にインターネットを通じた周到な情報宣伝活動によって影響力を広げている。実際に過激主義組織につながることはなくても、ネットにアップされた動画に親近感を抱き、「ローンウルフ（一匹狼）」として追随・模倣犯に走ることもある。たとえその国における民族・文化的マジョリティに属していても、その人が社会に対する不満や憎悪を抱いてさえいれば、そのような追随・模倣は起こりうるのだ。つまり「文明の衝突」という命題の背後に隠されている、「われわれの文化」が「正常」で「かれらの文化」が「異常」であるというオリエンタリズム＊的前提そのものが、揺るがされている。

　このように考えると、ハンチントンの予言が的中したというよりは、彼の「文明の衝突」論は、社会学の古典的概念である「予言の自己成就」＊を引き起こしたとも思えてくる。すなわち、「イスラ

---

19) ジョック・ヤング（木下ちがや他訳）『後期近代の眩暈——排除から過剰包摂へ』青土社、2008年。

ム文明と西洋は共存できない」という主張は、根拠のない思い込みでしかなかったはずなのに、米国をはじめとする欧米諸国がそれを利用して実際にイスラム教国を「悪」と見なして攻撃した副産物として、イスラム過激主義が台頭した。そして、それが先進諸国内のイスラム教徒への偏見を強め、差別や社会的排除の問題を深刻にし、「西洋」的価値観を共有できたはずの移民第2世代の若者の絶望を深めた。そして情報通信技術の発達と越境的な人的ネットワークの発展によって国際政治と国内問題が結びつき、移民の若者たちの一部を「ホームグロウン」「一匹狼」テロリストとして暴力に走らせた。こうして宗教的過激主義によるテロリズムという「文明の衝突」に似た状況を、先進諸国の人々が体感する事態が引き起こされてしまった。

4．システムの標準化とモビリティの加速[20]

このようにグローバリゼーションによる文化間接触の進行には、諸文化をハイブリッド化し、人々の価値観やアイデンティティの相互理解可能性を高める側面と、人々の差異を強調することで対立や暴力を誘発する側面がある。前者は人々の国境を越えるコスモポリタンな物理的・象徴的移動の基礎となり、後者は人々の交流を遮断し、象徴的に移動する能力を奪われた人々を暴力へと動員する。

ここで「文化」から「社会」へ視点を転じてみると、また違った側面が見えてくる。それは、社会を動かす「システム」が、国家や文化の違いを超えて急速に「標準化」しているということである。社会システムとは、社会を「システム（相互連関・相互作用する諸要

---

20) 塩原良和『共に生きる——多民族・多文化社会における対話』弘文堂、2012年、67-69ページ。

素の複合体)」のメタファーで把握する発想である。

　マックス・ヴェーバーによれば、近代化とは、人々の生活が迷信や宗教の呪縛から脱し、科学・技術によって合理化されていく「呪術からの解放」を意味していた。そのような合理化の過程で発展してきたのが、官僚制という支配のシステムである。官僚制とは、①規則により秩序づけられた権限、②ヒエラルヒーの原則、③文書主義、④専門的訓練を前提とした職務などの特徴がある統治のあり方である。ヴェーバーは近代化が進行する社会では、多くの組織が官僚制によって運営されるようになると考えた[21]。

　現代の社会学者であるジョージ・リッツアは、こうした合理化が徹底的に推し進められた結果、出現した労働や経営・組織のシステムを「マクドナルド化」と呼んだ[22]。それはマクドナルドという一企業の経営手法が世界的に広まったという意味ではなく、合理化の徹底によって生じる特性を典型的に備えていた企業が、たまたまマクドナルドだったという意味である。マクドナルド化の原理は（１）効率性（２）計算可能性（３）予測可能性（４）正確な技術による制御という要素から成り立つ。すなわち、消費者にとってもっとも効率的な商品を、マニュアルによって効率化された労働と徹底的な機械化によって大量に生産するということである。そうした生産に従事する労働者はマニュアルに従って単純作業を繰り返していけばよいので、高い技能を必要としない。それゆえ非正規雇用労働者が中心の低賃金・不安定な職場となる。「マック・ジョブ」と呼ばれるこうした職場では労働者のスキルも向上せず、キャリアア

---

21) マックス・ウェーバー（世良晃志郎訳）『支配の社会学』Ⅰ・Ⅱ、創文社、1960-62年。
22) ジョージ・リッツア（正岡寛司監訳）『マクドナルド化する社会』早稲田大学出版部、1999年。

ップも困難である。

　マクドナルド化という組織原理は、ファストフード業界だけではなく幅広い産業に浸透している。私たちの周囲にも、マクドナルド化の原理を応用した職場が溢れている。しかもマクドナルド化しているのは生産の現場だけではない。教育（マークシート試験やマニュアル化された教材）、医療・保健（病院経営の効率化と「マック医師」）、家庭生活（冷凍食品や出来合いの総菜による食事、ショッピングセンター、コンビニ）、娯楽（レンタルDVD、パック旅行、ホテルチェーン）など、私たちの生活領域や消費のあり方にもマクドナルド化の原理が浸透している。しかも、それはグローバリゼーションによって世界中に広まっている。

　グローバリゼーションの浸透は、それぞれの国民社会を動かすシステムを圧倒的な力で標準化していく。「マクドナルド化」の概念は、この標準化のイメージを強烈に示してみせる。こうした社会システムのグローバルな標準化と、先述した文化の均質化／ハイブリッド化と差異化は、密接に関連しつつ進行する。脱工業化・知識社会化が進行する社会では、製品やサービスは消費者の要求水準の高度化にあわせて一定の質を維持しつつ、消費者の差異的消費の欲望に合わせて多様なあり方で生産されなければならない。このような差異を商品化する大量生産の場では、文化の差異化とシステムの標準化という組み合わせが積極的に推進される。その結果、文化やアイデンティティはハイブリッド化と差異化を繰り返し、さらに、地球社会が「グローバル・システム」として標準化されることによってますます促進される[23]。それは車台（プラットフォーム）を共有

23）　レスリー・スクレアー（野沢慎司訳）『グローバル・システムの社会学』玉川大学出版部、1995年。

化することで、多様な車種を効率的に生産することを可能にする自動車工場のようなものである。

社会システムのグローバルな標準化は、人々の移動にも大きな影響を与える。先述したように「旅行者」としてのグローバル・エリートやGMMCの自由な移動を促進するために、ビザ（査証）や出入国手続きに関する情報が各国で共有され、手続きが簡略化される傾向が強まっている。社会保障制度や労働慣行などを共通化することで、高度人材が国境を越えて転職しやすくする試みも行われる[24]。そしてグローバルに標準化された消費生活やライフスタイルに馴染んだミドルクラスの人々は、国境を越えた移住の際のカルチャー・ショックやアイデンティティ・クライシスにも対処しやすくなる。実際、そのような人々に標準化されたコスモポリタンなライフスタイルを提供することが、今日の先進諸国における多文化主義のひとつの重要な役割となっているのである[25]。

---

24) 塩原2015年前掲論文。
25) 同上。

キーワード

定住者／移住者（settler/immigrants）
　方法論的ナショナリズムに影響されたリアリティに生きる人々にとって、国境を越えて移り住むという経験は依然として特別な意味を持つ。しかしグローバリゼーションの進展に伴う交通手段と情報通信手段の飛躍的な進歩により、国境を越えた移住は以前ほど特別なものではなくなっている。その結果、移住者と定住者を厳密に区別する発想そのものが次第に意味を失ってきている。また、故郷と移住先、あるいは他の国を頻繁に移動する「滞留者（sojourner）」としてのライフコースも珍しいものではなくなっている。

社会階層（social stratification）
　→第1章キーワード参照。

文化資本／人的資本／社会関係資本（cultural/human/social capital）
　文化資本とはピエール・ブルデューが提唱した概念であり、社会的に高い価値があるとされた文化（ハビトゥスや知識、制度化された学歴や資格など）の保有が、（経済的）資本のように投資・蓄積・転換されること（宮島喬訳『再生産——教育・社会・文化』藤原書店、1991年）。人的資本とは、個人に対してなされた教育・訓練・健康などの投資を、その個人が所有する資本と見なすことである。また社会関係資本は、ロバート・パットナムによれば「個人間のつながり、すなわち社会的ネットワーク、およびそこから生じる互酬性と信頼性の規範」と定義される。社会関係資本には集団の構成員内部の互酬性を強化する「結束型」と、外部資源との連携や情報交流を促進する「橋渡し型」がある（柴内康文訳『孤独なボウリング——米国コミュニティの崩壊と再生』柏書房、2006年、14-20ページ）。

ライフコース／ライフステージ／ライフサイクル（life course/life stage/life cycle）
　ライフコースとは、個人の人生経験を生涯にわたって、歴史的・社会的文脈のなかで多元的・動態的に把握しようとする視点。1960年代半ばから、それ以前から用いられてきたライフサイクルモデル、すなわち個人の家族生活歴の没歴史的な標準モデルを設定する方法に代わって、家族社会学の分析で用いられるようになった。ライフステージとは、人の発達段階に対応して経験する節目のことであり、乳児期、児童期、学齢期、青年期、初期成人期、成人期、成熟期など、多様な区分の仕方がある。

存在論的移動(existential mobility)
→本文 49 ページ参照。

液状化する近代(liquid modernity)
→第 6 章 105 ページ参照。

文化帝国主義(cultural imperialism)
　西洋先進国、特に米国の消費文化やメディア文化が世界中に浸透し、それ以外の国や地域の文化が支配・破壊されることを批判的に論じた概念。

グローカル化(glocalization)
→本文 52-53 ページ参照。

ハイブリッド性／ハイブリッド化(hybridity/hybridization)
→本文 53-56 ページ参照。

アイデンティティ(identity)
　「自己同一性」という意味でのアイデンティティは、自分とは何者で、なぜ存在しているのか、といった自己イメージのこと。「自分探し」「自己実現」といった言葉が含意するのは、自己同一性としてのアイデンティティの統合・確立への希求である。一方、集団や社会への「帰属意識」という意味でも、アイデンティティという言葉は用いられる。ナショナル・アイデンティティ、エスニック・アイデンティティといった用法がそれにあたる。

コスモポリタニズム(cosmopolitanism)
　特定の国家や地域社会に拘泥しないアイデンティティ・行動様式・信念。今日において、コスモポリタニズムとは世界市民共同体や世

界政府の形成を目指す理想というよりは、現実に出現しつつあるグローバルな政治（国際法秩序とグローバルな市民社会運動）・経済・社会（世界リスク社会化）・文化（ハイブリッド化とトランスナショナリズムの進展）の現実を踏まえたうえで、国家や民族、文化や宗教の境界を越えた連帯や協働を目指す立場であると言えよう。

ホームグロウン・テロリスト／ローンウルフ・テロリスト（home grown terrorist/lone wolf terrorist）
→本文 57-58 ページ参照。

過剰包摂（bulimia）
→本文 58 ページ参照。

オリエンタリズム（orientalism）
→第 7 章 131 ページ参照。

予言の自己成就（self-fulfilling prophecy）
　最初の誤った定義が人々の行動に影響を与えた結果、その定義が現実のものになってしまうこと。社会学者ロバート・マートンが論じた（森東吾ほか訳『社会理論と社会構造』みすず書房、1961 年）。

官僚制（bureaucracy）
→本文 60 ページ参照。

マクドナルド化（McDonaldization）
→本文 60 ページ参照。

―文献案内―

○ウマ・ナーラーヤン（塩原良和監訳）『文化を転位させる――アイデンティティ・伝統・第三世界フェミニズム』法政大学出版局、2010年

　インド出身の米国のフェミニスト理論家が、フェミニズムや多文化主義をめぐる様々な事象を「第三世界フェミニズム」の観点から捉えなおした著作。

○ジョック・ヤング（木下ちがや他訳）『後期近代の眩暈――排除から過剰包摂へ』青土社、2008年

　後期近代に移行した先進社会においては社会的包摂が衰退し、多くの人々が経済・社会的に排除されると同時に、文化的には均質化していく。その結果、望ましいとされる価値から排除された人々の相対的剥奪感が高まり、憎悪、排外主義、そして暴力が生み出される。テロリズムやヘイトスピーチ、ヘイトクライムについて考察する際にも大きな手掛かりとなる、英国出身の社会学者・犯罪学者による2007年の著作。

○ジョージ・リッツア（正岡寛司監訳）『マクドナルド化する社会』早稲田大学出版部、1999年

　本文でも解説したマクドナルド化という概念を提唱した、米国の社会学者による1993年刊行の著作。

第4章 | トランスナショナルな想像力へのレッスン

1.「はやぶさ」の終焉の地から

2010年6月13日の夜、小惑星イトカワのサンプル回収に成功した日本の小惑星探査機「はやぶさ」が地球に帰還した。そのとき、「はやぶさ」が落ちてきた場所が、南オーストラリア州のウーメラ立ち入り制限区域（Woomera Prohibited Area）であった。夜空を照らす閃光とともに「はやぶさ」の機体は燃え尽き、サンプルが入ったカプセルが翌朝、地上で回収された[1]。

ウーメラ立ち入り制限区域は1947年に設置された、イングランドと同等の広さを持つ世界最大の軍事実験場である。南東の端に人口数百人のウーメラ村があるが、それ以外は大部分が砂漠である。ここはオーストラリアをはじめ、様々な国の兵器や航空宇宙技術の実験に利用されてきた。「はやぶさ」の終焉の地に選ばれたのも、宇宙開発における国際協力の一環だったのだろう。近年では、地下に豊富な天然資源が存在することでも注目されている[2]。

この広大な砂漠が私たちの日常とどう関係しているか、想像するのは難しいかもしれない。それを可能にする想像力を獲得するために、メタファーを駆使して思考してみよう。ウーメラ周辺の無人の荒野を、第2章で紹介した「流れ」「渦」「放浪者」「旅行者」といった、グローバリゼーションとモビリティに関するメタファーを通

---

1) 山根一眞『小惑星探査機　はやぶさの大冒険』マガジンハウス、2010年。
2) Commonwealth of Australia, *Woomera Prohibited Area Advisory Board Annual Report, 5 October 2012-30 September 2013*. Commonwealth of Australia, 2014, pp. 11-12.

して眺めてみる。すると、荒涼とした砂漠にいくつもの資本・技術・人・思想が国境を越えて到来し、交錯しているありさまが見えてくる。この最果ての砂漠も、国境を越えた、すなわち「トランスナショナル」な政治・経済の流れに、確実に巻き込まれているのだ。

国境を越える人・モノ・情報・思想・文化の移動に注目して世界を捉えるのが、トランスナショナリズムである。それは、国家と国境を絶対視して国家間関係を中心に世界を眺める「インターナショナル」な視座とは異なる。西原和久によれば、トランスナショナリズムには3つの焦点がある。すなわち、人々が事実として国境を越えて移動する事態そのものを指す「事実としての（経験論的）トランスナショナリズム」、そうした事実を学問的・社会学的に分析する「視角としての（方法論的）トランスナショナリズム」、そして人々がナショナリズムを超えて、トランスナショナルに交流して結びつくことが望ましいとする「理想としての（理念論的）トランスナショナリズム」である[3]。事実としてのトランスナショナリズムは、本書でグローバリゼーションと呼ぶ社会変動のことだと考えてよい。また理念論的トランスナショナリズムは、前章で論じたコスモポリタリズムとも重なる。

それゆえ本章では、特に方法論的トランスナショナリズムに注目する。また西原は人の移動に注目しているが、本章ではそれに伴う資本・情報・文化・価値規範の移動も含めて考える。すなわち、本章は前章までで紹介した視点や発想を駆使して、あなた自身が現実をトランスナショナルなものとして想像しなおしてみる、方法論的

---

[3] 西原和久「トランスナショナリズムとは何か——もう一つの可能性を問う」西原和久・樽本英樹編『現代人の国際社会学・入門——トランスナショナリズムという視点』有斐閣、2016年、23ページ。

トランスナショナリズムを学ぶための応用問題である。

2．「放浪者」と例外としての抑留施設

　前章で述べたように、バウマンの「放浪者」というメタファーの、トランスナショナルな人の移動における具体例としてしばしば取り上げられるのが、難民や庇護希望者（asylum seekers）である*。かれらはモビリティが十分にないままに移動を強いられるため、豊かで安全な先進諸国へとしばしば非正規のルートによって渡航しようとする。しかし前章で述べたように、今日の先進諸国では庇護希望者への厳格な取り締まりが行われている。入国を阻止するために軍事力を動員し、その過程で庇護希望者を死に至らしめることも厭わないほどである[4]。軍隊が動員されるということは、それが「戦時状態」だとされることであり、「平時」では到底許されない人権侵害を伴う庇護希望者への扱いも黙認・許容される[5]。

　1990年代末から2000年代はじめにかけてのオーストラリアの庇護希望者政策では、このような「軍事化」と非人道的処置が顕著に観察された。当時、東南アジアやパプアニューギニアなどを経由してオーストラリアに船で密航する庇護希望者の急増が社会問題化した。連邦政府は、海軍まで動員して水際で密航を阻止するとともに、ナウルやパプアニューギニアといった、オーストラリアの影響力が強いオセアニアの国々に在外抑留施設を建設して、オーストラリアを目指してきた庇護希望者を強制的に移送するという「パシフィッ

---

[4]　ステファン・ロジェール（小山晶子訳）「現在おきているのは構造的な『対移民戦争』である」森千香子、エレン・ルバイ編『国境政策のパラドクス』勁草書房、2014年、21-48ページ。

[5]　ガッサン・ハージ（塩原良和訳）『希望の分配メカニズム——パラノイア・ナショナリズム批判』御茶の水書房、2008年、93-113ページ。

ク・ソリューション」と呼ばれる政策を実施した[6]。

そうした折、庇護希望者たちを一時的に抑留する新たな施設が1999年にウーメラに建設された。世界的な民間警備企業の豪州法人に運営が委託されたこの抑留施設は過酷な環境下にあり、施設職員による抑留者への暴力や虐待も行われた。抑留期間が長期化するにつれ、庇護希望者たちの自殺や自傷行為、ハンストや暴動騒ぎも頻発した。こうして「ウーメラ」は、オーストラリア連邦政府の出入国管理政策の厳格化を象徴する悪名高い地名となった（71ページ写真）。

庇護希望者やテロリズムの容疑者などを抑留する施設において頻発する人権侵害を分析する際、ジョルジョ・アガンベンの提起した「例外状態」*[7] という概念が用いられることがある。この場合の例外状態とは、人々があらゆる法的庇護を奪われ、「むきだし」のまま権力・暴力にさらされることを意味する。同様の発想からテッサ・モーリス゠スズキは、ウーメラなどの庇護希望者抑留施設の運営で多発した人権侵害を、国家権力やその委託を受けた民間資本による超法規的状況（「ワイルドゾーン」）の顕在化であるとした[8]。こうした連邦政府の政策は国内外から厳しく批判され、密航船の到来が沈静化したこともあり、ウーメラ抑留施設は2002年に閉鎖された[9]。

---

6) 塩原良和「あらゆる場所が『国境』になる――オーストラリアの難民申請者政策」『Quadrante』No.10、2008年、151-164ページ。
7) ジョルジョ・アガンベン（上村忠男・中村勝己訳）『例外状態』未來社、2007年。
8) テッサ・モーリス゠スズキ（辛島理人訳）『自由を耐え忍ぶ』岩波書店、2004年、13-24ページ。
9) 同上書、116-119ページ。

暴動騒ぎによって焼け落ちたウーメラ抑留施設の様子
（2003年1月8日撮影）

出所：Damian McDonald, National Library of Australia, nla.obj-147470801.

　2002年以降、オーストラリアへの庇護希望者を乗せた密航船の到来はいったん減少したが、2008年頃から再び急増した。当時のケヴィン・ラッド／ジュリア・ギラード労働党政権は、いったんは廃止を明言した「パシフィック・ソリューション」を、庇護希望者の権利をいっそう侵害するかたちで復活させることにした。2013年9月に発足したトニー・アボット保守連合政権は、軍隊主導の作戦で庇護希望者の乗った密航船を洋上で拿捕して追い返すとともに、国外における密航仲介業者の撲滅に取り組むという、出入国管理政策の軍事化をさらに推し進める政策方針を表明した。そのような方針は、党内抗争でアボットを追い落としたマルコム・ターンブル保守連合政権においても維持された。

3．もうひとつの例外――歓待される「旅行者」たち
　「放浪者」たちを厳格に拒絶する一方で、国家は自国の利益にとって「必要である」あるいは「望ましい」とされる移民たちの入国

を推奨・歓待する。こうした人々のなかには、豊かな経済力や人的資本をモビリティに転換し、国境を自分の「庭」のようにたやすく越えていくエリートやミドルクラスたちがいる[10]。第2章で触れたように、バウマンはこのような人々を、「旅行者」というメタファーで表現した。

多くの先進諸国では、「旅行者」たち（これは暗喩であり、文字どおりの観光客のこととは限らない）の出入国手続きを簡素化して移動を促進する方針が採用されている[11]。それだけではなく、「高度人材」エリートや経済的に裕福な移民・外国人を導入して国内経済を活性化させようとする政府は、「特区」といった制度的・空間的な「例外」を設けて規制緩和を行い、その国の他の場所では外国人に与えられていない権利（場合によってはその国の国民にすら与えられていない「特権」）を、かれらに付与することもある。アイファ・オングはこれを「例外としての新自由主義（ネオリベラルな例外化）」*の表れ方のひとつだとした[12]。庇護希望者といった「放浪者」たちを排除する際にも、「旅行者」たちを歓待する際にも、その国家の通常の制度や市民権のあり方から逸脱した「例外」が出現しうるのである。

日本国籍を持つ人（以下、便宜的に「日本人」と呼ぶ）がオーストラリアに入国する際の、査証（ビザ）取得手続きは比較的容易であ

---

10) 塩原良和『共に生きる——多民族・多文化社会における対話』弘文堂、2012年、88-90ページ。
11) 森千香子、エレン・ルバイ「国境政策のパラドクスとは何か？」森千香子、エレン・ルバイ編前掲書、3-4ページ。
12) アイファ・オング（加藤敦典ほか訳）『《アジア》、例外としての新自由主義——経済成長は、いかに統治と人々に突然変異をもたらすのか？』作品社、2013年、19ページ。

る。観光ビザや商用ビザであれば、オーストラリア移民省の日本語で書かれたウェブサイトにアクセスして、特に問題がなければクレジットカードで申請料を払って即座に電子ビザ（ETA）を取得できる。オーストラリア政府にとって、経済大国となった今日の日本からの渡航者は、基本的に望ましい「旅行者」だとされているからだ。

だがオーストラリアの歴史上、日本からの移住者が常に歓迎されたわけではない。大陸北部のサトウキビ産業や真珠貝採取産業には、19世紀末から日本人出稼ぎ労働者がいた。白豪主義で有色人種の移住がほぼ禁止されてからも真珠貝採取産業では例外的に滞在が認められ、木曜島やブルームに日本人町ができた。その後、真珠貝採取産業の衰退や第二次世界大戦などによって日本人町は消滅したが、現在でも日本人の血を引く住民や日本人墓地などの痕跡がある。ブルームでは往時をしのび、今でも「真珠祭り」が毎年開かれる[13]。

第二次世界大戦では、オーストラリアと日本は敵国同士として直接交戦した。戦時中、日本人住民は今日の庇護希望者のように徹底的な強制収容の対象となり、戦後の強制送還によって在豪日本人社会は実質的に消滅した[14]。やがて日本からオーストラリアへの人

---

13) かつての日本人住民には和歌山県太地町周辺の出身者が多かった縁で、ブルームと太地町は1981年に姉妹都市提携を結んだ。太地は捕鯨の町としても知られるが、オーストラリアでは反捕鯨の世論が強く、2009年には太地でのイルカ追い込み漁を描いた米国のドキュメンタリー映画の影響でブルームと太地の姉妹都市関係が窮地に陥った。しかしブルームの住民たちは自分たちと太地町との歴史的つながりを主張して、交流を守った（山内由理子「日本人とオーストラリア先住民の交流史」山内由理子編『オーストラリア先住民と日本——先住民学・交流・表象』御茶の水書房、2014年、98-112ページ）。
14) 永田由利子『オーストラリア日系人強制収容の記録——知られざる太平洋戦争』高文研、2002年。

の移動は再開されたが、人種差別的な白豪主義政策が堅持されていたこともあり、占領期に日本に駐留したオーストラリア兵と結婚した日本人女性（いわゆる「戦争花嫁」）以外は、日本企業の駐在員がほとんどだった。企業駐在員は1980年代半ばまで在豪日本人住民の多数派であり、日豪の経済的な相互補完関係の担い手となった[15]。

1970年代半ばに連邦政府が白豪主義から多文化主義へと転換するとともに、日本からの移住者も増加していった。その初期には、日本の国際協力事業団（当時）の技術者独立移住プログラムによる移住者も多く含まれていた[16]。このように1980年代までの在豪日本人社会は、駐在員と技術移住者というエリート・ミドルクラスの存在感が大きかった。

日本経済がバブルに沸いた1980年代後半から90年代には、日本からオーストラリアへの観光客と不動産投資が急増し、オーストラリア社会における日本人のイメージに大きな影響を与えた。ケアンズやゴールドコーストといった観光都市の主要部のかなりの面積が日本人所有となり、街の雰囲気も大きく変わった。日本からの観光客は1990年代も増加を続け、1996年には80万人に達した[17]。またこの時期、日本での仕事を退職してリタイアメントビザで渡豪する高齢者層も目立った。

企業駐在員、技術移住者、観光客、裕福な退職高齢者という日本

---

15) 塩原良和「多文化主義国家オーストラリア日本人永住者の市民意識——白人性・ミドルクラス性・日本人性」関根政美・塩原良和編『多文化交差世界の市民意識と政治社会秩序形成』慶應義塾大学出版会、2008年、150ページ。
16) 濱野健『日本人女性の国際結婚と海外移住——多文化社会オーストラリアの変容する日系コミュニティ』明石書店、2014年、104ページ。
17) 長友淳『日本社会を「逃れる」——オーストラリアへのライフスタイル移住』彩流社、2013年、54-56ページ。

からの人の流れは、しかしその後の日本経済の停滞とともに縮小していく。代わって増加したのが国際結婚によって移住する日本人女性と、ワーキングホリデー制度を利用して渡豪する若者たちであった[18]。かれらは従来の在豪日本人住民に比べて社会階層的に多様であり、特に前者は結婚移住という性質上、行政による入国者数の管理が困難である。一方、ワーキングホリデーによる渡航者については、働きながら個人旅行を楽しむ若者たちを地方部での人手不足業種の非熟練労働力として活用するために「セカンド・ワーキングホリデー」と呼ばれる制度が導入されている。これは政府が指定した特定の産業（地方部の人手不足の産業）で一定期間就労した人が、通常は人生で1度、1年間しか交付されないワーキングホリデービザを「例外的に」もう1年取得できる制度である[19]。

4．「留まり続けること」の主体性

再びウーメラに戻ろう。オーストラリア大陸のあらゆる場所がそうであるように、ウーメラ立ち入り制限区域もまた、先住民族アボリジニのいくつかのグループにとって先祖伝来の土地であった[20]。2010年に「はやぶさ」のカプセルが落下した地点も先祖伝来の聖地であり、回収作業はアボリジニの代表者の許可を得てから開始された[21]。

1788年に英国によって植民地化が開始され、オーストラリアの

---

18) 濱野前掲書。川嶋久美子「オーストラリアのワーキング・ホリデー労働者――ロスジェネ世代の越境と帰還」五十嵐泰正編『労働再審2――越境する労働と＜移民＞』大月書店，2010年、231-270ページ。
19) 川嶋前掲論文、246ページ。
20) Commonwealth of Australia, *op. cit.*, p. 14.
21) 山根前掲書、275-276ページ。

先住民族（アボリジニとトーレス海峡諸島民）は太古から住み続けてきた土地を「無主地（テラ・ヌリウス）」だとされ、奪われていった。やがて先住民族は「保護」という名目で居留地に隔離され、低賃金・無賃労働など劣悪な状況に置かれた。20世紀に入ると先住民族の白人社会への同化が目指されるようになったが、差別や排除は続いた。とりわけ白人との混血の子どもを先住民族の親から強制的に引き離す行政措置は20世紀後半まで行われ、その対象となった人々は「盗まれた世代」などと呼ばれた[22]。

先祖伝来の土地に根ざした文化と世界観を生きてきた先住民族にとって、植民地化とは自らと土地との結びつきが失われていく経験であった。かれらの多くは先祖伝来の土地から追われ、別の場所に住まわされた。同胞から離れて都市周辺に移り住まざるをえなかった先住民族の人々は、しばしば厳しい差別や不公正に直面し、貧困層へと転落していった。先祖の土地に留まった場合でも、白人の管理下に置かれて自己決定の権利を奪われた。

こうした状況を変えようとする先住民族の運動は、オーストラリア市民としての公民権の獲得とともに、先祖伝来の土地への権利の回復を目指した。1960年代になると鉱山開発に対する訴訟や牧場の土地返還要求、首都キャンベラにおける請願やデモンストレーションなど、差別や不公正に対する先住民族の異議申し立てが活発化した[23]。また先祖伝来の土地を離れて暮らしていた先住民族たちが、自分たちの土地（ホームランド）へと帰還するアウトステーション

---

22) 鎌田真弓「国家と先住民——権利回復のプロセス」山内由理子編前掲書、7-12ページ。
23) 細川弘明「先住権のゆくえ——マボ論争からウィック論争へ」西川長夫ほか編『多文化主義・多言語主義の現在——カナダ・オーストラリア・そして日本』人文書院、1997年、184-185ページ。

運動も盛んになった[24]。

　先住民族にとって、先祖伝来の土地への権利を回復することは、植民地化に由来する差別や不公正の構造に抵抗し、自らの生活を自己決定するための寄り所、すなわち居場所（次章参照）を勝ち取ることである。ホームランドへと戻っていったアボリジニたちは、近代化・西洋化をすべて拒絶したわけではない。むしろ、そうした社会変動によっても自律を失わない精神的・文化的健全さを維持するのに必要な、先祖伝来の土地とのつながりを回復・維持しようとしたのである。そこでは社会変動に抗して、自らの土地に「留まり続けること」こそが、人々の自己決定可能性を意味している。第2章で述べたように、「旅行者」として自由に動き回ることだけが、グローバリゼーションという時代の流れのなかで主体的に生きることではない。社会全体が「流れて」いるときに、土地にしっかり根を張り踏ん張り続けるのは、相対的には主体的に移動しているのと同じことである。

　連邦政府は1972年に先住民族に対する同化政策を転換し、オーストラリア国民としての権利を保障するとともに、先祖伝来の土地の返還と先住民族共同体の自己決定を基本理念とした政策を開始した。1975年には人種差別禁止法、1976年にはアボリジニ土地権法（北部準州）が制定され、限定的ではあるもののアボリジニによる自治の仕組みが整備された。さらに1992年のマボ判決によって「無主地」のフィクションが否定され、1993年の先住権原法によって先住民族による先住権原の申請手続きと認定基準などが定められた。

---

[24] 塩原良和「エスニック・マイノリティ向け社会政策における時間／場所の管理——オーストラリア先住民族政策の展開を事例に」『法学研究』86巻7号、2013年、192ページ。

こうして1990年代半ばのオーストラリアの先住民族政策は、国際的にも先進的なものになった[25]。それ以来、オーストラリアの先住民族政策はいくつもの転機と後退を経験したが、現在においても先住権・土地権の保障による権利回復のプロセスは継続している。なおウーメラにおいても、立ち入り制限区域内に位置していたマラリンガ地区がアボリジニの人々へと返還されることが1994年に決定された。

こうした権利回復は、国際社会における先住民族の権利回復の動きとも軌を一にしていた。国際労働機関（ILO）では20世紀初頭から、労働者としての先住民族の権利保護がいくつかの条約で規定されてきた[26]。1970年代には国際連合において先住民族の権利概念が議論されはじめ、1980年代には経済社会理事会にいくつかの専門組織が設置された。そして「先住民族の権利に関する国際連合宣言」＊の起草作業が開始され、先住民族組織と政府代表との難航した交渉の末、2007年にようやく国連総会で採択された。現在では国連人権理事会に「先住民族の権利に関する専門家機構」が、経済社会理事会に「先住民族問題に関する常設フォーラム」が設置され、政府代表、先住民族代表、人権NGOなどが参加している[27]。

オーストラリア連邦政府はこうした国連や国際社会の動きに常に追従してきたわけではないが、1990年代後半以降、時の保守政権が先住民族の権利保障を後退させようとするたびに、国連や国際的

---

25) 細川前掲論文、177-199ページ。
26) 上村英明「国際社会と先住民族——先住民族とエスニシティと国際政治」初瀬龍平編著『エスニシティと多文化主義』同文舘出版、1996年、294-297ページ。
27) 上村英明・木村真希子・塩原良和編著『市民の外交——先住民族と歩んだ30年』法政大学出版局、2013年、76ページ。

な人権 NGO は批判的なコメントを発表してきた。またオーストラリアの先住民族団体の多くは、国連や国際社会における先住民族の権利運動と協働しながら国内における運動を進めてきた。このように、オーストラリア国内の先住民族運動もまた国際人権規範の普及というグローバルな「流れ」と連関している。

5．方法論から規範へ──他者からの呼びかけに応える

　ウーメラは軍事実験場として、庇護希望者の抑留施設があった場所として、アボリジニの土地・聖地として、資本・技術・人・価値規範のトランスナショナルな動きと密接に関わってきた。本章では「流れ」、「渦」、「放浪者」、「旅行者」といったメタファーがもたらす想像力によって、こうした現実のあり方を試論的に描きだしてみた。このトランスナショナルな想像力を私たち自身が住む場所に向けてみることで、私たち自身とトランスナショナリズムとの関わりもより具体的に理解できるだろう。それは川端浩平が提案する、「ジモト（地元）」を深く理解するために、あえて「越境」して想像してみるという方法論とも共通している[28]。そしてトランスナショナルな想像力によって私たちを取り巻く現実のあり方を理解し、私たち自身が他者と越境的につながっていることに気づけば気づくほど、そのような他者たちとどのようにつきあっていくべきなのかという問いに向き合わずにはいられなくなる。つまり方法論としてのトランスナショナリズムは、グローバルに共有される価値規範の模索という理念的トランスナショナリズム、あるいはコスモポリタニズムの問いを呼び起こす[29]。

---

28) 川端浩平『ジモトを歩く──身近な世界のエスノグラフィ』御茶の水書房、2013年。

ウーメラ立ち入り制限区域およびその周辺には、オーストラリアで確認されているウランの78%が埋蔵されているという[30]。立ち入り制限区域のすぐ近くでは、オーストラリア最大量のウランを産出するオリンピック・ダム鉱山が操業しており、そのウランは日本にも輸出されて各地の原子力発電所の燃料となってきた。オーストラリアは、日本にとって重要なウラン供給元であり続けてきたのだ。

2011年3月11日の東日本大震災とそれに続く福島第一原子力発電所事故の発生直後、別のウラン鉱山を含む先祖伝来の土地を持ち、ウラン採掘に反対してきたアボリジニの女性指導者が国連を通じてメッセージを発表した。それは、自分たちの土地から自分たちの意思に反して採掘されたウランが広大な大地を汚染したことに対する、深い悲しみの表明であった。オリンピック・ダム鉱山でのウラン採掘に反対する現地のアボリジニの指導者も2012年に来日した際、福島での事故で自分たちの土地のウランが被害をもたらしたことに「本当に申し訳ない」と謝罪の発言をした[31]。

だが、謝らなければいけないのはどちらなのだろうか。日本人駐在員（あの「旅行者」たち）が担ってきた日豪の経済的相互補完関係の帰結として、オーストラリアのウラン鉱山開発には日本の企業も深く関与してきた。それらの鉱山の多くは地元のアボリジニたちの反対運動を排して進められ、その土地や人々に環境破壊や権利の侵害をもたらした[32]。そのようにして採掘・輸入されたウランに

---

29) 大澤真幸・塩原良和・橋本努・和田伸一郎『ナショナリズムとグローバリズム――越境と愛国のパラドックス』新曜社、2014年、296-300ページ。
30) Commonwealth of Australia, *op. cit.,* p. 11.
31) 松岡智広「ウラン採掘地から福島へのオーストラリア先住民の眼差し」山内由理子編前掲書、165、177-180ページ。
32) 同上。

よって発電された電気を使って、日本の経済発展と豊かな暮らしが成り立ってきたとしたら、アボリジニの人々の置かれた苦境に私たちは何かしら関与しているのではないか。私たちは確かにアボリジニの被った苦難に直接加担したわけではないが、そうした不公正によって生まれた利益を享受しながら生きてきたという意味では、「連累」＊しているのではないか[33]。

それなのに、アボリジニの人々は私たちに謝り、呼びかけてくれた。その呼びかけに私たちが応えることで、日豪の市民社会にトランスナショナルな環境・人権規範の共有と連帯を生み出していくことはできないだろうか。

2014年にウーメラ立ち入り制限区域からアボリジニたちに返還されたマラリンガ地区は、1956年と57年に計7回の核実験が行われた場所であった。先述のようにアボリジニの人々への返還は1994年に決まっていたのだが、放射能除染作業が難航し、20年後にようやく返還が実現したのである[34]。また、現在もウーメラ立ち入り制限区域に含まれるエミュー地区でも1953年に核実験が行われている。マラリンガやエミューだけではなく、オセアニアでは1940年代から70年代に至るまで、米国、英国、フランスなどによっておびただしい回数の大気圏内核実験が行われた[35]。1954年にマーシャル諸島のビキニ環礁で行われた核実験が、第五福竜丸の乗組員や周辺の島民を被爆させたことは良く知られている。

71ページのウーメラ抑留施設の廃墟の写真から、地震と津波の

---

33) テッサ・モーリス゠スズキ『批判的想像力のために――グローバル化時代の日本』平凡社、2002年、57ページ。
34) 上村英明『新・先住民族の「近代史」――植民地主義と新自由主義の起源を問う』法律文化社、2015年、180-181ページ。
35) 同上書、170-182ページ。

被害に遭ったまま立ち入りが依然として制限されている原発周辺地域の様子を連想する人はいるだろうか。あるいは放置されたまま朽ち果てた、数十年後の仮設住宅の幻想だろうか。少し想像力をたくましくしすぎたかもしれない。もちろん、抑留施設そのものは核実験や原発事故とは関係がない。だがウーメラという土地自体は、その地底深くに存在するウラン鉱脈と隣接するオリンピック・ダム鉱山、そしてその周辺に住む人々を通じて、福島の原子力発電所事故とつながっていた。そして、福島では汚染物質の流出が続き、多くの人々があたかも庇護希望者のように、故郷を離れて避難を余儀なくされている。原子炉や建物の解体と廃炉や放射性廃棄物の処理には、気の遠くなるほどの時間がかかる。そして日本の原発で使用されるウランを採掘しているオーストラリアの鉱山では、環境破壊や現地住民への権利侵害が続いている。

　日本国内の政治・経済・社会的問題としてのみ語られがちな原子力発電のリスクも、グローバルな環境・人権問題としてオーストラリアの辺境の地やその住民たちとつながっている。その「流れ」を想像してみることは、私たちが他者たちとグローバルなリスクを共有していることに気づき、それに対処するための協働を模索する第一歩なのかもしれない。

キーワード

トランスナショナリズム（transnationalism）
→本文 68 ページ参照。

難民／庇護希望者（refugee/asylum seeker）
　1951 年の「難民の地位に関する条約（難民条約）」では、難民を「人種、宗教、国籍、政治的意見または特定の社会集団に属するなどの理由で、自国にいると迫害を受けるかあるいは迫害を受ける

恐れがあるために他国に逃れた」人々と定義している（いわゆる条約難民）。しかし今日では、武力紛争や人権侵害を逃れるために国境を越えて他国に逃れた人々も難民と呼ぶようになっている。また条約難民以外にも、合法的な滞在資格を持って他国に居住している難民がいる。庇護希望者は、他国に庇護を求めて、まだ正式な難民認定や他の合法的滞在資格を認められていない人々である。

例外状態／例外としての新自由主義（state of exception/ neoliberalism as exception）

　例外状態とは、法によって法権利自体が部分的に停止されている状態のこと。カール・シュミットが提唱し、ジョルジョ・アガンベンがそれを現代社会に位置づけしなおした（上村忠男・中村勝己訳『例外状態』未來社、2007年）。一方アイファ・オングは、東・東南アジア諸国の政府が新自由主義を既存の国家・社会体制からの例外として導入する統治の技法を「例外としての新自由主義」（あるいは「新自由主義的例外化」）と名づけた。それは、そのような新自由主義的例外化から何かを例外化する「新自由主義からの例外化」という技法と対になっている。後者は新自由主義的例外化の影響から人々の権利や生活を守ることもあれば、人々に一定の保護を与える代わりに新自由主義的な経済システムのなかに取り込んだり、新自由主義による経済成長の恩恵から特定の人々を排除したりする（加藤敦典ほか訳『《アジア》、例外としての新自由主義――経済成長は、いかに統治と人々に突然変異をもたらすのか？』作品社、2013年）。

先住民族の権利に関する国際連合宣言（United Nations Declaration on the Rights of Indigenous Peoples）

　国連において1980年代から議論され、先住民族団体と各国政府間の長い交渉を経て、2007年に国連総会で賛成多数で採択された。同宣言は、先住民族の自己決定権、文化的・宗教的・言語的ア

イデンティティについての権利、土地・領域・資源に関する権利などを提唱している。国連宣言の国際法上の拘束力については諸説があるものの、国際社会における先住民族の地位向上にとって大きな意味を持つ文書である。

連累（implication）
→第1章13ページ参照。

---文献案内---

○西原和久・樽本英樹編『現代人の国際社会学・入門――トランスナショナリズムという視点』有斐閣、2016年
　トランスナショナリズムという概念を基軸に、グローバル化する現代社会を社会学の観点から読み解く、国際社会学の入門書。日本・欧米・第三世界の諸国家を「グローカル」な視点から眺め、それらをつなぐ人の移動・交流・共生の諸相を描きだしている。

○アイファ・オング（加藤敦典・新ヶ江章友・高原幸子訳）『《アジア》、例外としての新自由主義――経済成長は、いかに統治と人々に突然変異をもたらすのか？』作品社、2013年
　米国で活躍する華人系の文化人類学者による、具体的で微視的な視点からのグローバリズム／新自由主義論。アジアの政治体制が新自由主義を「例外」として導入し、そのなかで特定の人々が新自由主義的に「例外化」されていくプロセスを明らかにする。原著は2006年刊行。

○川端浩平『ジモトを歩く――身近な世界のエスノグラフィ』御茶の水書房、2013年
　良く知っていると思っていた岡山という「地元」が、在日コリアンをはじめとする他者たちとの対話や交流を通じて異なった意味と

迫力を持つ「ジモト」へと変容していく。その契機をもたらしたのは、長い海外生活という「越境」経験だった。地域社会でのエスノグラフィを通じて、他者を理解するための「方法としての越境」という視点を提起した著作。

第5章 「スピード感」と加速する資本主義

1. グローバリズムと時間短縮＝効率化への欲望

　第3章では、ハージの「存在論的移動」という概念に言及した。それは、自分の人生が良い／悪い方向に「動いている」という感覚である。しかし、現代社会において人々が典型的に抱く不安は、方向性のメタファーだけでは捉えきれない。たとえ良い方向に進んでいたとしても、その進み具合が「ゆっくりすぎる」ときには、人々は不安を抱きがちになる。それゆえ現代社会における人々の不安を表現するには、「速い／遅い」という速度のメタファーも重要になってくる。そしてこれは、資本主義によるグローバリゼーションの「加速」の帰結でもある。

　資本主義が勃興して以来、財やサービスの生産をより短い時間で行うという意味での効率化は、資本家や国家にとって常に重要であった。先進諸国における20世紀の工業化は部品の規格化と流れ作業、すなわち「フォード主義」的な生産システムによって可能になったが、それを支えていたのもフレデリック・テイラーが提唱した、労働者の作業を効率性や所要時間の観点から綿密に統制する科学的管理法（テイラー主義）であった。やがて効率性の追求はサービス業にも波及し、消費者が満足するためにもっとも効率的な製品やサービスを、マニュアル化・機械化によって徹底的に効率化された労働工程で大量生産する「マクドナルド化」（第3章参照）が進展した[1]。こうして実現した大量生産・大量消費社会が、企業や個人からの税収をもとに社会福祉サービスを展開する福祉国家の成立の基盤となった。そして労働だけではなく社会生活のあらゆる領域が合

理化されていき、そこに生きる個人を内的な自己統制能力のある自発的な主体として規律化していった[2]。

1980年代以降の情報通信技術の発展と金融市場のグローバリゼーションは、こうした傾向を加速した[3]。今日の金融市場においては、取引はコンピュータとインターネットを介して文字どおり瞬間的に決定される。それゆえグローバル市場への従属が強まるほど、個人や集団、政府は市場の変化になるべく早く反応することを求められる。こうしてジョン・アーリの言う「瞬間的時間」(「コンピュータ・タイム」)、すなわちグローバル化された市場における情報や社会関係の同時性と、それに伴うメタファーとしての同時性(＝労働・消費・生活の場面における一時性、不安定性、短命性)の感覚が、社会において支配的になっていく[4]。その結果、社会のあらゆる意思決定や行為の過程において効率化としての時間短縮が強迫観念のように追求される「加速化依存症」状況が出現する[5]。

2.「ゆとり」と福祉国家

とはいえ、少なくとも現在の科学技術の水準では、人間の行為す

---

1) ジョージ・リッツア(正岡寛司監訳)『マクドナルド化する社会』早稲田大学出版部、1999年。
2) ナンシー・フレイザー(向山恭一訳)『正義の秤——グローバル化する世界で政治空間を再想像すること』法政大学出版局、2013年、164-168ページ。
3) サスキア・サッセン(伊藤茂訳)『領土・権威・諸権利——グローバリゼーション・スタディーズの現在』明石書店、2011年、437-462ページ。
4) ジョン・アーリ(吉原直樹監訳)『社会を越える社会学——移動・環境・シチズンシップ』(新装版)法政大学出版局、2011年、218-230ページ。
5) ましこ・ひでのり『加速化依存症——疾走／焦燥／不安の社会学』三元社、2014年。

る速度はコンピュータ・タイムに際限なく近づくことはできず、グローバル市場が要請する時間短縮＝効率化の要請に限りなく対応することはできない。人間のすることには、時間がかかる。

また人間の身体は存在するための空間を必ず必要とし、その空間は程度の差こそあれ、その人にとっての意味で満たされた場所である。確かに近代社会において、人々の経験はある特定の場所から切り離され、国民国家を前提とした空間的枠組みに再編成された[6]。その結果、時間的経験の脱場所化が進行したことが、コンピュータ・タイムへの際限なき時間短縮＝効率化の競争を可能にした。それでも人間は身体がある限り、その身体が置かれた特定の場所との関わりのなかで、自らの人生の持続、あるいは記憶や経験としての「生きられる時間」を生きる。それはアーリの言う「カイロス的時間」、すなわち「時計がいつを指し示そうともいまが然るべき時である」という時間観念である[7]。

そして個々人にとってのカイロス的時間が、その場所にずっと堆積してきた歴史や記憶としての「氷河の時間」と結びつくとき、人々の過去や場所へのつながりが瞬間的時間によって分断されることへの抵抗の契機が生じる、とアーリは説いた[8]。この抵抗とはすなわち、効率性に左右されずに自分自身の時間のあり方に関する自律性[9]を維持するということ、簡単に言えば「ゆとり」を持って

---

6) 山崎望『来たるべきデモクラシー──暴力と排除に抗して』有信堂高文社、2012年、9-35ページ。
7) アーリ前掲書、200ページ。
8) 同上書、276-281ページ。
9) 本書ではself-determinationを「自律」と訳し、self-reliance（自活・自立）と区別する。「自律」とは、経済的に他者に依存しないこと（自活・自律）とは異なり、個人の自己決定可能性を強調する。

生きるということである。

　ゆとりは、資本主義が追求する時間短縮＝効率化によって常に脅かされてきた。20世紀後半以降の先進諸国において、ゆとりを守る主要な役割を果たしてきたのが、市民の社会的包摂＊を目指す福祉国家＊的な社会政策であった。

　福祉国家的な社会政策は、人々が特定の領土に居住し、帰属しているという事実によって権利や義務を付与するという、領域的なシティズンシップ＊の発想を前提としている[10]。18世紀後半の西欧における国民国家理念の成立とともに、シティズンシップはナショナリティの概念と結びついた[11]。それはやがて国民国家システムとともに世界中に拡大していった[12]。それ以降、シティズンシップ理念は国民国家の領域性と結びつき、世界中に普及していった。

　T. H. マーシャルが整理したように、西欧における権利としてのシティズンシップは18世紀にその市民的要素、19世紀に政治的要素が理念として確立した。そして20世紀前半には社会的シティズンシップ、すなわち「経済的福祉と安心の最小限を請求する権利に始まって、社会的財産を完全に分かち合う権利や、社会の標準的な水準に照らして文明市民としての生活を送る権利に至るまでの、広範囲の諸権利」という理念が、影響力を高めていった[13]。マーシャルはこうしたシティズンシップへの要求が、人々の国民意識を

---

10) ジョン・アーリ（吉原直樹・伊藤嘉高訳）『モビリティーズ——移動の社会学』作品社、2015年、278-282ページ。
11) デレック・ヒーター（田中俊郎・関根政美訳）『市民権とは何か』岩波書店、2002年、164-186ページ。
12) サッセン前掲書、309ページ。
13) T. H. マーシャル、トム・ボットモア（岩崎信彦・中村健吾訳）『シティズンシップと社会的階級——近現代を総括するマニフェスト』法律文化社、1993年、15-19ページ。

形成し強化することも指摘している[14]。社会的権利としてのシティズンシップは、階級間の不平等の存在を前提とする資本主義システムのなかで、過度の困窮に陥る人々を減少させる役割を果たしたが、それは次第にさらなる社会的平等への要求を生み出していった[15]。

こうして第二次世界大戦後の西欧において福祉国家という規範ないし目標が強い正当性を獲得し、社会規制と社会給付を伴う社会政策が整備されていった[16]。G. エスピン゠アンデルセンが主張したように、福祉国家（福祉レジーム）はいくつかに類型化できる。その際に重要なのは、その国家の社会福祉政策による「脱商品化」効果の大きさや特徴である。脱商品化とは、その国家における人々の福祉への「ニーズと分配がどの程度まで（中略）市場から独立して行われているか」を示す概念である[17]。これは、その国家に住む人々の労働がどれだけ脱商品化されうるかということでもある。

資本主義は、人々が生きていくためには自分の労働力を売らなければならないという意味での、労働力の商品化を推し進める。それに対して、社会的シティズンシップによって社会サービスが人々の権利とされるようになると、人々が労働市場で自らの労働を切り売りすることなく生存する余地が増大する。こうした労働力の脱商品化が十分に進行した福祉国家では、人々は病気や怪我、再訓練、育児や介護など、必要なときに一定の時間、労働から離れて生計を維持することが可能になる[18]。つまり労働力の脱商品化の増大とは、

---

14) 同上書、52-53ページ。
15) 同上書、40-61ページ。
16) 武川正吾『連帯と承認——グローバル化と個人化のなかの福祉国家』東京大学出版会、2007年、1-32ページ。
17) G. エスピン゠アンデルセン（渡辺雅男・渡辺景子訳）『福祉国家の可能性——改革の戦略と理論的基礎』桜井書店、2001年、97ページ。

資本主義労働市場における人々の生きられる時間についての自律性の増大にほかならない。その意味で、社会的シティズンシップの理念を具体化する社会政策は、人々の人生にゆとりをもたらす強力な社会的装置として機能している。

3. 「居場所」とコミュニティ

アーリが「氷河」というメタファーで示唆したのは、人々が時間的な自律性、すなわちゆとりを持って生きるためには、それを可能にする場所がなければならないということである。それは自分がその場所に存在し、そこで営まれる人間関係に参加することを「承認」＊されている場所、簡単に言えば「居場所」である。

ナンシー・フレイザーは承認を個人の自己実現の問題として扱う哲学的潮流に対して、承認を社会的地位の問題として扱うものとして位置づけた[19]。フレイザーの区別にならえば、個人が承認される場所としての居場所についても、ふたつの捉え方がありうる。第一に、個人が主体的で歪みのないアイデンティティを形成する（自己実現する）ための前提として、その場を共有する人々が互いに他者の人間としての尊厳に対する心理的な配慮（ケア）をしているのが居場所である、という見方である。これは、「居たい（居たくなる）場所」としての居場所である。第二に、ある個人がその場を共有する他者と対等な立場で、そこで営まれる人間関係に参加することが認められているのが居場所であるという見方である。これは、

---

18) Ｇ．エスピン‐アンデルセン（岡沢憲芙・宮本太郎監訳）『福祉資本主義の三つの世界――比較福祉国家の理論と動態』ミネルヴァ書房、2001年、23-25ページ。

19) ナンシー・フレイザー、アクセル・ホネット（加藤泰史監訳）『再配分か承認か？――政治・哲学論争』法政大学出版局、2012年、33-36ページ。

「居てもよい場所」としての居場所である。後者はフレイザーが言う「参加の平等」、すなわち経済格差や文化的差異、社会的威信の軽重などによって発言権や発言能力の不平等が生じることなく「すべての参加者に対して等しい尊敬」を払うことが保障された状況である[20]。

　他のメンバーから参加を承認されていなかったり、劣った存在としてのみ参加を容認されている場所で、自分の人間としての尊厳が十分に配慮されるとは考えにくい。つまり、そこが「居てもよい場所」ではない限り「居たい場所」にはならない。だが一方で、お互いの差異や人間としての尊厳に対する心理的配慮が存在しない場所で、参加の平等が実質的に維持できるとも考えにくい。「僕たちは君のことが大嫌いで、君には一切、関わりたくもないが、君は僕たちと対等な権利をもってこの場にいるのだから、何を発言してもかまわない」という態度をメンバーの大半からとられたら、その人は実質的には仲間外れにされているのであり、発言もしづらい。だから、ある程度まで他の参加者からの心理的ケアを受ける「居たい場所」でなければ、「居てもよい場所」にはならない。したがって、参加の平等と相互の心理的ケアの両方が存在することが、居場所の要件である。

　また「参加」とは、その場所のあり方を決める政治的討議への参画という狭い意味に限定されるべきではないし、「ケア」は、他者の心理的状況に対する積極的な介入という意味に限定されるべきではない。積極的に発言や意思表示をしなくても、あるいは他人と積極的にかかわらずにただ独りで片隅にいたとしても、そこが「居心地がよい」から居続ける人はいる。それゆえ、居場所とは「居ても

---

20) 同上書、43ページ。

よい／居たい／居心地のよい」場所だと定義できる。

　近代社会において人々に確かな居場所を提供してきたのが、住民の「結束」＊を維持するコミュニティという社会的装置であった。旧来の価値観を通じて結びつき、特定の土地との強いつながりを保った小集団という「伝統的」コミュニティのイメージは今でも大きな影響力を保っている。しかしコミュニティ＊は単なる前近代的伝統の残存ではなく、近代における社会的関係の重要な基盤を担うものである[21]。とはいえ近代のある段階までは、コミュニティとは主に特定の場所に根ざした比較的狭い範囲の人間関係を意味した。こうした「密度の濃い」人間関係はロバート・パットナムの言う「結束型」の社会関係資本（第3章参照）[22]としての役割を果たし、様々な相互扶助を提供してきた。さらにニコラス・ローズによれば、1960〜70年代の福祉国家体制において、コミュニティは行政によって制度化され、専門職としての「コミュニティ・ワーカー」の業務を通じて人々の日常生活における保健衛生、医療、治安、教育などの諸問題を解決することで、社会的シティズンシップを住民に提供する手段として機能することになった[23]。

　近代化の進行による人的・階層的移動の流動化、市場経済の浸透といった社会変動とともに、日本を含む高度資本主義諸国では狭く密度の濃い互酬的人間関係としてのコミュニティは衰退しているとされる。しかしコミュニティという概念自体は、意味を失っていな

---

21) ジェラード・デランティ（山之内靖・伊藤茂訳）『コミュニティ――グローバル化と社会理論の変容』NTT出版、2006年、68ページ。

22) ロバート・D．パットナム（柴内康文訳）『孤独なボウリング――米国コミュニティの崩壊と再生』柏書房、2006年、14-20ページ。

23) Nikolas Rose, *Powers of Freedom: Reframing Political Thought.* Cambridge/New York: Cambridge University Press, 1999, pp. 172-175.

い。ジェラード・デランティによれば、人々の労働や消費のあり方の変遷とともに、コミュニティのあり方は場所的な近接性を前提としないものに変容しつつある。その典型が、情報通信技術の進歩とともに出現した純粋なコミュニケーション・コミュニティとしての「バーチャル・コミュニティ」である。デランティはこうした現代的コミュニティの核心を、討議的なコミュニケーションによって構築される人的ネットワークと帰属感覚に求める[24]。換言すれば、現代におけるコミュニティにおいては、人々に何らかの居場所を提供する機能がますます核心的なものになっている。こうした居場所としてのコミュニティは他のコミュニティとネットワークを形成し、しばしば国境を越えてつながる「橋渡し」的な社会関係資本（第3章参照）の役割を果たす[25]。

4．「つながり」の二面性

　社会関係資本という学術用語は、平たく言えば、人と人とのつながりのことだ。人とつながるのは、現代の日本では望ましいとされることが多い。たとえば2011年の東日本大震災直後の日本社会では、「絆」の大切さがメディアで強調され、同年の日本漢字能力検定協会の「今年の漢字」第1位にも選ばれた[26]。ところが、マスコミで「絆」が強調され、連呼される風潮に違和感を覚えた人もいたようだ。なかには「絆」という字が語源としてはあまり良い意味ではないと強調した人もいた。

　確かに絆という言葉には、人と人との断ちがたい情愛の結びつき、

---

24) デランティ前掲書、260-272ページ。
25) 同上書、233-258ページ。
26) 公益財団法人日本漢字能力検定協会ウェブサイト、http://www.kanken.or.jp/project/edification/years_kanji/2011.html（2016年10月4日アクセス）。

といった良いふうにも取れる意味と、「情に絆される」のように、人間の自由を奪うしがらみ、といった否定的な用法の両方がある。私は1973年生まれだが、私の親の世代だと、「絆」の悪いほうのイメージを強く持っている人が少なくないようだ。それに対して、私と同年代や年少の人に「絆」には悪い意味もあるという話をすると、へえ、という意外な顔をされることが多い。

　言葉の意味は時代とともに変わるものだから、日本語としてどちらが正しいのかといった議論にはあまり意味はない。それよりも社会学的に興味深いのは、絆という言葉のイメージの変化が、おそらく日本社会における人と人とのつながりに対する見方の変化を反映しているということである。大ざっぱに言えば、前近代的な身分制度や家父長制＊が強固だった時代や社会においては、そこで生きる人々の人生は家族や親族、地縁といった人間関係によってほぼ決定づけられていた。現代日本においても、地縁・血縁共同体が根強く残っている地域で生まれ育ったため、その人間関係の煩わしさから逃れたい、という感覚がある人もいるだろう。あるいは「結婚して子どもをもうけて、親の老後の面倒をみる」といった、親や家族、夫の望む人生を歩まされることに束縛を感じている女性は少なくないだろう。

　しかし、後期近代の社会変動は、伝統的な地域社会や血縁共同体が人々を拘束する力をますます弱める。それにより、他人とのつながりは個人の人生の選択肢を狭める障壁というよりは、お互いに助け合い、個人の人生の選択肢を広げてくれる社会関係資本だと見なされる傾向がより強まった。たとえば「無縁社会」という言葉のように、他人とのつながりの不足が社会的排除を意味するというイメージも定着している[27]。岩田正美によれば、社会的排除にはいったん社会のメインストリームにしっかり組み込まれた人が、何らか

の理由でそこから一気に排除される「社会からの引きはがし」と、もともと中途半端なかたちでしか社会に参加していない状況に置かれる「中途半端な接合」がある[28]。

たとえば非正規雇用の若者は、その不安定さゆえに家庭を持ったりスキルを高めてキャリアを形成できないという意味で「中途半端な接合」の例だし、勤労者が失業や病気がきっかけでホームレスになるのは「引きはがし」の例である。また、それはしばしば「空間的」な隔離、すなわち孤立を伴う。育児で孤立する専業主婦や社会とのつながりを断たれた高齢者は、空間的な隔離を伴う社会的排除の例である。

現代国家における社会福祉・社会保障政策において、人々の社会的排除をいかに防ぐかが重要になる。そして社会関係資本の強化と空間的孤立の緩和のために、地域社会における人の「つながり」を促進したり、学校や公共施設を利用した支援が必要な人々のための居場所づくり、すなわちコミュニティの強化が重視される傾向が生じる。

5．「スピード感」ある「改革」とデモクラシーの危機

こうして福祉国家とコミュニティは、資本主義によって加速化する時間短縮としての効率化から、個人の時空間的自律性、すなわちゆとりと居場所を守る役割を果たしてきた。しかしそれらもまた、現代の急速な社会変動によって限界を露呈しつつある。武川正吾によれば、男性賃金労働者の完全雇用の促進による税収等の財源によ

---

27) NHK「無縁社会」プロジェクト取材班編著『無縁社会――"無縁死"三万二千人の衝撃』文藝春秋、2010年。
28) 岩田正美『社会的排除――参加の欠如・不確かな帰属』有斐閣、2008年。

って社会保障を維持することを目指したケインズ型福祉国家は、資本や労働の移動を国民国家が管理可能であるという前提によって担保されていた[29]。しかし、国民国家のグローバル経済への従属を強めるグローバリゼーションによってこうした前提はゆらぎ、さらに民営化と規制緩和を促進する新自由主義／グローバリズムの影響力が高まると、各国政府は資本の国外逃避や産業の空洞化を避けるために法人税・個人税率の引き下げ、企業が負担する社会保障費の削減、それに伴う公共支出の削減を進めざるをえなくなる。また労働者や消費者保護、国内産業の保護、過当競争の抑制等の名目で実施されてきた様々な規制が、市場原理を妨げるという理由で緩和・撤廃される。このようにして福祉国家は「グローバリズムの社会政策」と武川が呼ぶ方向への再編圧力にさらされる[30]。

ミシェル・フーコーによれば、新自由主義は社会の内部に、「企業」という統治のあり方、すなわち「市場主導の真理と予測計算が政治の領域に浸透していく」という意味での新自由主義的な統治性＊の影響力を増大させていく。こうした社会においては、政府や個人に時間短縮＝効率化への絶えざる「改革」が要求されがちになる。この「改革」圧力は政府や企業だけではなく、個人の生き方にも影響を及ぼす。フーコーが述べたように、人々は新自由主義的統治性によって規律化される「企業家」としての「ホモ・エコノミクス」へと再構成されていく[31]。すなわちアイファ・オングの述べる「多くの政治形態によって行動を導き、規律、効率、競争という

---

29) 武川正吾『政策志向の社会学——福祉国家と市民社会』有斐閣、2012年、46-47ページ。
30) 武川 2007 年前掲書、82-88 ページ。
31) ミシェル・フーコー（慎改康之訳）『生政治の誕生——コレージュ・ド・フランス講義 1978-79 年度』筑摩書房、2008年。

市場原理に応じて自己を管理するよう誘導する、自由な個人の統治を導く概念」としての新自由主義的合理性が、人々の行為を拘束するようになるのだ[32]。個人は、自らが行った市場における選択の結果を個人として引き受けることを強いられる[33]。そのために、市場の動きに対応する時間短縮としての効率化を「自己責任」によって遂行すべしという価値観が、力を増していくことになる。こうした自己責任規範の影響力が拡大しすぎることは、コミュニティにおける互酬的関係と相互信頼の感覚を弱体化させていく。

「瞬間的時間」に向けて「加速」を続けなければならないという強迫観念は、昨今の日本社会では「スピード感」という言葉でしばしば表現される。「その問題にはスピード感を持って対処します」という紋切り型が、政治家や財界人、あるいはメディアによって呪文のように唱えられる。この言葉はとりわけ政治の場においては、議会における討議を、頃合を見計らって打ち切るための方便として用いられることがしばしばである。つまり「スピード感」のある意思決定が過度に強調されるようになると、「時間をかけて」討議する民主的な意思決定過程が軽視されていくのである[34]。コンピュータ・タイムで動くグローバルな金融や経済の動きに即応するためには、カイロス的時間に生きる生身の人間の話し合いによる意思決定を必ず通さなければいけない仕組み、つまりデモクラシーは非効率な「規制」であり、緩和するに越したことはない、というわけだ。だが、少なくとも今日の先進国と呼ばれる社会では、さすがにデモ

---

32) アイファ・オング（加藤敦典ほか訳）『《アジア》、例外としての新自由主義——経済成長は、いかに統治と人々に突然変異をもたらすのか？』作品社、2013年、20ページ。
33) フレイザー 2013年前掲書、174-175ページ。
34) サッセン前掲書、248-298ページ。

クラシーのプロセスを無視するわけにはいかない。「スピード感ある意思決定」という謳（うた）い文句は、その妥協の産物にほかならない。

しかし「スピード感」の名のもとで「効率的な議論」が過度に重視されると、以下のような弊害が生じがちになる[35]。第一に、議論が「固定観念（ステレオタイプ）」に依存して進められがちになる。「〇〇とはこういうものだ」というステレオタイプを前提に議論したほうが、その前提をいちいち問い直すよりも「効率的な」議論ができるからだ。ただし、そのような議論の結論はそのステレオタイプが無視していた多様性をやはり無視した、過剰な一般化に陥りがちになる。

第二に、議論に「スピード感」が求められるということは、結論を出すまでの時間が制限されるということなので、その論点についてあらかじめ多くの知識や経験がある人々、つまりその問題の「専門家」「実務家」とされる人々が、どうしても主導権を握りがちになる。その場合、議論の結論は「業界の常識・慣行・利害関係」の枠を出ない、既視感のあるものになりがちになる。専門家・実務家が常に良い結論を出すのであれば、そうした人々のミスや既得権益保持の行動によって様々な事故や不祥事が起こることはないはずである。

第三に、「効率性」を重視した議論においては、「声が大きい人」すなわち、自分の主張を明確に、論理的に、自信を持って主張でき、他人の批判に反論することがうまい人の主張が通りやすくなる。一般に、より高等な教育を受け、専門家や管理職として働く人のほうが、論理的に思考・発言する訓練をあらかじめ受けている可能性が高い。それに対して、低学歴であったりステイタスが低い仕事に就

---

35) 塩原良和「スピード感」『三色旗』783号、2013年、37ページ。

く人々が、議論を通じて発言の仕方を学んでいくには一定の時間がかかる。そのため、「効率的な」議論が志向されればされるほど、そのような人々の意見が反映される余地が小さくなってしまう。

つまり、時間をかけたゆとりある議論ができない体制では、そのメンバー全員が対等に意思決定に参加する「参加の平等」が実質的に失われていくということだ。したがって、そのような体制が支配的になるほど、私たちはそこでの居場所を失っていく。こうして福祉国家、コミュニティ、デモクラシーという、ゆとりと居場所を守る社会的装置が弱体化していくことにより、加速化する社会に「取り残される」という不安が、多くの人々にとって深刻なものになっていく。

キーワード

フォード主義／テイラー主義（科学的管理法）(fordism/ scientific management)
　→本文 87 ページ参照。

瞬間的時間／生きられる時間 (instanteous/lived time)
　→本文 88-89 ページ参照。

ゆとり
　→本文 89 ページ参照。

社会的包摂／社会的排除 (social inclusion/exclusion)
　社会的包摂とは、個人が自分が望むだけ、あるいは必要なだけ、同じ社会に住む他者と結びついていられる（すなわち、労働をはじめとする社会的活動に参加できる）、そして、そうした関係によって財や権限を得られている状態をいう。それが損なわれているのが

社会的排除である。すなわち、労働市場や制度、または日常生活において財や権限、社会関係から締め出されることである（本文 96 ページ参照）。

福祉国家（welfare state）
　国民に対する人権の擁護と生活の安定、そして平和を重視し、福祉の向上を重要な国家政策として掲げる国家。とりわけ、社会的シティズンシップの理念を実現するための社会福祉・社会保障制度を充実させた国家。

シティズンシップ（citizenship）
　政治共同体と個人とのあいだに結ばれた権利・義務関係と、それらに伴う地位、あるいは、そこからもたらされる帰属感覚。ある共同体に市民として参画する義務を果たす、という徳としての側面が強調されることもあれば、市民が国家権力に対して有する諸権利が強調されることもある。T. H. マーシャルは後者の立場から、公民的シティズンシップ、政治的シティズンシップ、社会的シティズンシップを類型化した（岩崎信彦・中村健吾訳『シティズンシップと社会的階級――近現代を総括するマニフェスト』法律文化社、1993 年）。

承認（をめぐる政治）（(politics of) recognition）
　チャールズ・テイラーによれば、人間の心や人生はそもそも対話的なものであるため、他者からの適切な承認が欠かせない。他者から承認されないこと（未承認）や、歪んだあり方で承認されてしまうこと（誤承認）は、集団のなかに生きる個人の精神を圧迫し、経済・社会的な不公正さえもたらす。それゆえ、集団やそのなかに生きる個人が自らの文化やアイデンティティの適切な承認を求めて行う主張・運動や、それをめぐる論争・交渉（承認をめぐる政治）が行われることになる。なお、承認には個人の心理的な自己実現とい

う側面と、経済社会的な地位や権利の獲得という側面がある（エイミー・ガットマン編（佐々木毅ほか訳）『マルチカルチュラリズム』岩波書店、1996年）。

居場所
→本文92-93ページ参照。

参加の平等（equal participation）
→本文93ページ参照。

（コミュニティの）結束（(community) cohesion）
英国の社会統合政策のなかで発展してきたこの概念は、異なる民族・文化的コミュニティ間に共有される帰属意識、人々の多様性に対する肯定的な評価、平等な生活上の機会、職場・学校・近隣における緊密な交流といった状況が存在している状態と定義される（安達智史『リベラル・ナショナリズムと多文化主義——イギリスの社会統合とムスリム』勁草書房、2013年）。

コミュニティ（community）
従来は近代以前の地域性によって結びついた人々の社会的つながり（共同性）を指していたが、それらが解体された近代以降においても何らかのかたちで維持・形成される社会的な共同性をいう。現代において、コミュニティは領域性から次第に分離し、人々のあいだの討議的なコミュニケーションとそれによってもたらされる帰属感覚をその核心とするようになっている。

家父長制（paternalism）
伝統的社会における、男子家長が家産と家族成員を支配・統制する制度。または、現代社会における男性による女性支配のシステム。

統治性(governmentality)

人々や国家がどのように権力を及ぼしあうかということをめぐって、ミシェル・フーコーが提示した概念。

文献案内

○ナンシー・フレイザー／アクセル・ホネット（加藤泰史監訳）『再配分か承認か？——政治・哲学論争』法政大学出版局、2012年

米国と欧州の主導的哲学者による論争を通じて、再配分と承認という正義に関するふたつの概念の関係が考察されている。原著は2003年刊行。

○G. エスピン-アンデルセン（岡沢憲芙・宮本太郎監訳）『福祉資本主義の三つの世界——比較福祉国家の理論と動態』ミネルヴァ書房、2001年

デンマーク生まれの著者による1990年の著作の邦訳。著者が提起した福祉（国家）レジーム論は、のちの福祉国家研究に大きな影響を与えた。

○ロバート・D. パットナム（柴内康文訳）『孤独なボウリング——米国コミュニティの崩壊と再生』柏書房、2006年

豊富な統計数字に基づき、第二次世界大戦後の米国のコミュニティや市民参加、社会的つながりの衰退を論証し、その解決策を提案していくことを通じて社会関係資本の概念の重要性を提起している。原著は2000年に刊行された。

第6章 | 惨事と政治

1. 世界リスク社会と個人化

　アンソニー・ギデンズは、近代社会の特性を（知識の）再帰性、すなわち、自分の行ったことの意味を常に問い返しながら行為するといった行動様式が社会生活全般で支配的になっていくことに見出した。そこでは知識や制度がある特定の社会的・歴史的文脈から「脱埋め込み」され、別の文脈へと「再埋め込み」されるプロセスが際限なく働く。その結果、個々人の人生に関わる問題へと再帰性が深化していくのが「高度近代（後期近代）と呼ばれる状況である*[1]。こうした現代社会のあり方をジグムント・バウマンは「リキッド・モダニティ（液状化する近代）」と呼んだ。それは中央集権的な国家機構が国民の活動や経済を管理していた「ソリッド・モダン」の時代から、あらゆる制度・組織・生活様式が流動化・不安定化し、絶えず変わっていく高度近代の時代への変化を意味する[2]。

　またウルリッヒ・ベックは「第一の近代」（前期近代）が生み出した新たなリスクに対する対処が中心的な課題となるような社会を「リスク社会」*と呼んだ[3]。現代は、こうした個人に対するリスクがグローバルに連関する「世界リスク社会」の様相を強めてい

---

1) アンソニー・ギデンズ（松尾精文・小幡正敏訳）『近代とはいかなる時代か？――モダニティの帰結』而立書房、1993年。
2) ジークムント・バウマン（森田典正訳）『リキッド・モダニティ――液状化する社会』大月書店、2001年。
3) ウルリヒ・ベック（東廉・伊藤美登里訳）『危険社会――新しい近代への道』法政大学出版局、1998年。

る[4]。交通や情報通信技術の発展によって、生産、流通、消費のプロセスが国境を越えて一体化し、その結果、労働や消費の市場がグローバル化する。前章で述べたように、そうした状況は金融市場のグローバル化によってますます加速していき、いまや世界中の経済的行為が瞬時のうちに、お互いに影響を与え合い、それが予期せぬ波及効果を及ぼしていく[5]。

 それゆえ、現代は「惨事（disaster）」が頻発する時代である。地球環境問題だけではなく、経済においても、政治においても、社会においても、もちろん軍事的な面でも、行政や専門家が予測困難な事態が突如として発生し、世界中に波及する。戦争、内乱、テロリズム、地震、津波、気候変動、原発事故、経済危機……。地球の裏側で起きた惨事ですら、私たちの日常生活に影響を及ぼす。こうして個人が対処すべきリスクの範囲が世界的に拡大するのに、そのリスクに対応するためにかけられる時間は、前章で述べた「瞬間的時間」の感覚が支配的になるにつれて短くなり、際限のない「スピード感」が要求される。

 しかも、国家やコミュニティがグローバル化するリスクから個人を守ってくれる余地は、ますます狭まっている。新自由主義／グローバリズムが、福祉国家による社会保障を侵食していることは前章で述べた。またコミュニティも、ICT（情報通信技術）の進歩によってグローバル化しているとはいえ、そうした「橋渡し型」の社会関係資本＊が、世界的なリスクに対処できるだけの人々の連帯を与えてくれることはあまりない。それゆえ、人々はグローバル化したリ

---

[4] ウルリッヒ・ベック（島村賢一訳）『世界リスク社会論――テロ、戦争、自然破壊』筑摩書房、2010年。
[5] ジョン・アーリ（吉原直樹監訳／伊藤嘉高・板倉有紀訳）『グローバルな複雑性』法政大学出版局、2014年。

スクにあくまでも個人として直面し、解決していくことを強いられる傾向が強まる。これが「個人化」＊と呼ばれる社会変動である[6]。社会が個人化しているのにもかかわらず、私たちが個人でリスクに対処できる余地は限られているため、惨事はあたかも「天災」のような、避けることのできなかった宿命としてイメージされがちになる。

　だが、現代が高度近代であるということは、あらゆる惨事には、それ以前に行われていた人間の営みが必ず影響している。つまり現代において、あらゆる天災は同時に人災でもある、ということだ。さらに、惨事が起こった直後の対処、さらにそこからの「復旧・復興」を目指す動きは、常に「政治」と関係している。ここで言う政治とは、政府や政治家の言動に限定されない、集団間の対立・権力行使や合意形成全般のことである。「非常時」とされる事態には、こうした意味での政治が活性化する。政府や政治家に限らず、実に多くの人々や集団が、たとえ善意や無意識であったとしても、自分たちの目標を追求したり、対立する相手を貶(おとし)めるために様々な言動を行う。それを「政治利用」だと全否定するのではなく（「おわりに」参照）、惨事には政治がつきまとうことを冷静に踏まえたうえで、それに批判的な思考を行うことが、惨事にどのように向き合い、惨事後の社会で何をなすべきかを考える際の前提でなければならない。

2．「ピンチはチャンス」？

　みなさんは「ピンチはチャンス」という言葉が好きだろうか。これは、私たちの日常において頻繁に用いられる言い回しだ。誰でも一度くらいは、「ピンチだ！」と感じたとき「いや、これはチャン

---

[6]　ベック1998年前掲書。

スなんだ。ピンチをチャンスに変えてやろう」と自分に言い聞かせたり、他人から言われたりしたことがあるだろう。個人のレベルを超えた、社会を揺さぶる一大事の際にも、このような言い回しはメディアで頻繁に使用される。それは、危機に対処する政治家たちの常套句でもある。

「ピンチはチャンス」という言葉は、たいていの場合は好意的に受け止められる。この言葉がピンチに陥っている人に対して向けられたとき、そこに悪意や利己的な動機があると感じる人はそれほどいない。こういう言葉こそ、批判的に考察してみる価値がある。誰もが面と向かって反論しにくい言葉は、その背後の何かを隠すための格好の隠れ蓑になるからだ。

ナオミ・クラインの『ショック・ドクトリン』は、惨事の直後に生じる「非常時における政治」のあり方を明らかにしようとした[7]。彼女が「ショック・ドクトリン」と呼ぶのは、戦争やクーデター、大災害、経済危機などの惨事発生直後の混乱に乗じて、自分たちの正しいと信じる経済社会的「改革」を導入して進めようとする、新自由主義者の政治である。そのような新自由主義的改革は失業の増大やインフレ、格差の拡大などの「痛み」を伴うことが多く、平時の状態ならば、反対する政治・社会的勢力も根強い。そこで新自由主義者たちは、偶然起こった（あるいは、戦争や経済危機などが意図的に引き起こされる場合もある）災厄によって社会全体がショック状態に陥り、新自由主義者が「抵抗勢力」と見なす人々の行動力や判断力が弱まっている隙をついて、改革を一気に（「スピード感」を持って）導入してしまおうとする。この「惨事便乗型資本主義

---

[7] ナオミ・クライン（幾島幸子・村上由見子訳）『ショック・ドクトリン——惨事便乗型資本主義の正体を暴く』岩波書店、2011年。

(disaster capitalism)」においては「復興」の名のもとに、被災者や被害者、当事者の思いや希望、あるいは権利、利害を無視した、企業や政府がグローバル化した市場で利益を上げることを目指した政治が行われがちになる。

　クラインの議論は、大惨事の際には既存の官僚制（行政）組織が機能不全に陥りやすいが、そういう状況を「チャンス」とする新たな政治的動きがしばしば台頭することを示している。たとえば2011年の東日本大震災直後の日本でも、震災からの復興をめぐる様々な議論や政策が行われたが、その多くに震災という「ピンチ」を「チャンス」に変えるべき、という発想が見られた[8]。一方には、「復興特需」への期待だとか、「たくさん消費して、東北を助けよう」といった主張など、既存の産業構造や社会のあり方を温存しながら経済成長を続けていこうという主張があった。他方には、原発事故を契機に再生可能エネルギーの開発や「グリーンニューディール」、あるいはスマートグリッド社会といった理念を推進し、原発依存の低減と経済成長を両立させ、新たなるグリーン経済において日本が主導権を握るべきだ、といった主張があった。また、経済成長の持続を前提とするそれらの主張とは一線を画する、大震災は私たちが経済成長中心の価値観から脱却していくチャンスだとする主張もあった。これらはまるで異なる主張であるように見えて、実は「ピンチはチャンス」という発想を共有し、大惨事を自分たちの主張を広めていく好機と見なす政治であった。

　それではなぜ「ピンチはチャンス」という発想を批判的に考える必要があるのか。「ピンチはチャンス」と唱えることは、現場がまだ平静を取り戻さず、被害にあった人がまだ十分に回復していない

---

[8]　古川美穂『東北ショック・ドクトリン』岩波書店、2015年。

(=「ピンチ」)うちから、急いで次の手を打てということである。なぜ、そんなに急がなければならないのか。ピンチを脱して、現場が平静を取り戻して、被害にあった人々の傷がある程度癒えてから、次にどうすべきか、被害／被災者も含めて話し合うのではだめなのだろうか。

なぜ急がなければならないのかという理由は、すでにクラインが示している。すなわち、「ピンチ」において人々が無力になり、社会が混乱しているときこそ、新しいことを始めるチャンスだと、多くの人々が少なくとも無意識には、思っているからだ。クラインの批判する新自由主義者だけではなく、格差の是正やグリーンニューディール、人々の「絆」の強化や脱物質主義的文明への転換を訴える人々の多くにも、このような「スピード感」を重んじる意識が無意識のうちに共有されているのではないか。

3．災害ユートピア？

ところで、こうした「復旧・復興」をめぐる政治が始まる前、大惨事を生き残った直後の被災地・被災者に何が起こっているのだろうか。そうした、いわば「政治以前」の状況に注目して、クラインとは異なる災害社会学を展開しているのがレベッカ・ソルニットの『災害ユートピア』である[9]。ソルニットによれば、大災害の現場においては、部外者を巻き込んだ「政治」が始まる以前に、当事者による利他主義と相互扶助、見知らぬ者同士の友情と連帯の状況が広がることが多い。それは、人間は本質的に利己的で、法や国家の統治がなければ他人の利益を犠牲にして個人の利益を追求するもの

---

9) レベッカ・ソルニット（高月園子訳）『災害ユートピア——なぜそのとき特別な共同体が立ち上がるのか』亜紀書房、2010年。

第6章　惨事と政治　111

だという、現代社会において支配的な人間観に反している。そのような人間観を超克する人間と世界の可能性を垣間見せてくれる点で、ソルニットにとってそれは「地獄のなかのパラダイス」なのだという。

　ソルニットの議論は、「災害時には一般大衆はパニックを起こして暴徒化する」という、多くの人々の思い込み自体が、ある種の政治の産物なのかもしれないという視点を提起している。そのような「大衆のパニック」という言説は、エリートたちが惨事発生時に大衆を統制して自らの権力を維持したいがために創りあげた虚構（あるいは、情報操作によって人為的につくりだされた状態）にすぎないのだが、実際に惨事が起こると、エリートたちのほうが自分たちがつくった虚構に振り回されて「大衆がパニックに陥って体制を転覆しにやってくる」というパニック状況（「エリート・パニック」）に陥ってしまう。実際は、被災した人々の大半が実は非常に忍耐強く、秩序を保ち、勇気と助け合いをもって行動していたとソルニットは主張する。

　興味深いことに、クラインの批判する惨事便乗型資本主義者たちとは異なった意味で、ソルニットも大惨事の発生による「災害ユートピア」の出現をある種の「チャンス」だと考えているように見える。人々が国家やエリートの規制から逃れて本来の人間性を取り戻し、ソルニットにとって理想的な社会（ソルニットは自身のアナキスト的信念を隠そうとしていない）を創造するための「チャンス」として、大惨事（「ピンチ」）は捉えられている。惨事にユートピアの可能性を夢見るソルニットも「ショック・ドクトリン」を少なくとも無意識のうちに採用し、惨事を自分にとって望ましい社会を実現するための手段だと見なしている。それほどまでに「ピンチはチャンス」という言説には根強い影響力がある。

4．「焦り」の活用

ここまで述べてきた「ピンチはチャンス」言説についての批判的考察を大学の授業で話すことがあったが、学生からの反応はどちらかと言えば賛同よりは反論が多かった。ある学生が面白いコメントをした。「なぜ自分がピンチに陥ったのかをきちんと反省し、同じ過ちを今後繰り返さないための教訓を引き出せるのであれば、『ピンチはチャンス』という考え方も役に立つのではないでしょうか」。

これは「ピンチはチャンス」というよりは、「失敗は成功の素」と表現できる姿勢であり、特に異論はない。では「失敗は成功の素」と「ピンチはチャンス」はどこが違うのか。それは、時間的・空間的なメタファーとしての「間(ま)」がそこに存在するかしないかの違いである。結論を先取りすれば、「ピンチはチャンス」という言説は「失敗は成功の素」という発想よりも「焦(あせ)り」あるいはスピード感を強調している。それゆえ、しばしば当事者の自己決定権が軽視されるのを正当化してしまう。

「焦り」の活用はまさに、惨事便乗型資本主義の本質そのものである。それは惨事によって人々を焦らせることで、「火事場泥棒」的に一部の人々に有利な意思決定をしてしまおうとする戦略である。だが、たとえ善意による行動だったとしても、当事者ではない人間が焦って「ピンチはチャンス」だと行動することは、当事者たちが自分の土地をどうしたいか、どのような将来を望むのかを自分自身で決める機会を奪うことになりかねない。私たちは自分たちの「ホーム（居場所／故郷）」だと思った土地でどのように生きるかを、自分で決めたい。もちろん、いついかなるときでも当事者たちの自己決定権がすべて認められるわけではない。それでも、いろいろな事情を鑑みながら当時者と非当事者たちが交渉を行い、すべての人にとって満足のいく解決策を探す。そのプロセスが民主主義社会にお

ける政治だ。

　この対話と交渉のプロセスとしてのデモクラシーには当然、ある程度の時間がかかる（第5章参照）。「ピンチ」と「チャンス」のはざまに「間」がなくなってしまうというのは、対話と交渉の時間的・空間的余裕が奪われてしまうことを意味する。つまり「間」の有無とは、当事者の自己決定というデモクラシーが機能するための時間が、惨事の際にどれだけ確保されるかという問題なのである。それを犠牲にしてまで、性急に物事を進めているとしたら、そこには被害者のためではない、何か別の理由があるのではないか。それを「被害者のため」と正当化しているにすぎないのではないか。

5．「間」とサバルタン性

　焦りと「間」の関係、つまり非当事者の意図と当事者の自己決定との関係は、社会的に弱い立場に置かれた人々の声をよりよく反映させるにはどうしたらいいのか、という問いと関係している。民主的な話し合い、すなわち熟議では、時間をかければかけるほど多くの人が参加できる可能性が広がる。最初は力がなかった人々が、話し合いに関わるうちに次第に学習して力をつけて積極的に発言できるようになるからだ[10]。そのために、じっくり考えて話し合う時間的な余裕と、それを可能にする安全・安心な居場所としての「間」が必要になる。

　しかしもちろん、「間」をとったからといってすべての人々との対話が可能になるわけではない。どんなに近づこうとしても決して近づけない人々、こちらがどんなに話を聞こうとしても決して語れ

---

10) 山田竜作「現代社会における熟議／対話の重要性」田村哲樹編『語る──熟議／対話の政治学』風行社、2010年、17-46ページ。

ない人々は存在する。それはポストコロニアル研究において「サバルタン」＊という言葉で表される。サバルタンとは「誰からも無視され、話を聴いてもらえない人々」のことをいう[11]。社会の最下層に置かれ、貧困のために教養も社会的影響力もない人々、差別され、権利を否定されたマイノリティの人々、世間からの偏見や無知にさらされて自分の意思を伝えられない人々、被災の経験がトラウマ＊になって、理性的な言葉で自分の経験や思いを語れるだけの力を失ってしまった人々……。こういう物言えぬ人々が、その存在すら世間から忘れられてしまったとき、そこにサバルタンが誕生する。ただし、こうした意味でのサバルタンは、語ることができたとき、あるいは注目されたときには、サバルタンではなくなる。その意味で、これは現実に存在する誰かを指す概念というよりは「サバルタン的な立場」に置かれた状況のことだと考えたほうがわかりやすい。

　惨事という文脈で考えれば、それによってトラウマを負ってしまった当事者のことを考えなければならない。医療人類学者の宮地尚子が述べるように、被害が比較的少なかったり、トラウマから回復すれば、「語ることのできる当事者」になる[12]。もちろん、そうした当事者の発言は尊重されるべきだが、その背後に、死者や「語ることのできない当事者」が存在する。心身に傷を負い、その傷によって論理的・理性的に語る能力や意思を失って沈黙している当事者たち。そのような人々がトラウマと向き合い、それを克服して、ようやく語ることができたときには、すでに長い年月が経っていることも多い。

---

11) 大澤真幸・塩原良和・橋本努・和田伸一郎『ナショナリズムとグローバリズム——越境と愛国のパラドックス』新曜社、2014年、217-223ページ。
12) 宮地尚子『環状島——トラウマの地政学』みすず書房、2007年。

サバルタン的な立場に置かれた人々は、どのような社会にも常に存在する。この社会にサバルタン性が常に存在するということは、デモクラシーの限界にほかならない。そして、私たちが急いで先に進もうとすればするほど、話を聞いてもらえない人々、話すことができない人々が増えていくのも確かである。これは「被害者の気持ちに配慮すべき」という感情論ではない。デモクラシーを原則とする社会において、その構成員全員にあるはずの自己決定権を、どのようにして具体的に保障していくのかという問いである。もし「ピンチはチャンス」の名のもとに特定の人々の自己決定権が軽んじられることが許されれば、次に私たち自身が惨事の被害者になったときに、私たち自身の自己決定権も軽んじられることになる。

6. 「喪」とケア

惨事に際して「ピンチはチャンス」という言説が力を持つことで、「間」とともに失われるのが「喪」である。多くの文化で、人が亡くなったときに、その死者を弔うために「喪に服する」習慣がある。「喪に服する」ことで、死者の記憶は社会全体の共通の記憶へと昇華していく。喪という行為を通じて個々人の記憶は、社会に広く共有される「集合的記憶」*となる[13]。この集合的記憶は、人々を社会的に結びつける重要な役割を果たす。

喪に服することは、生き残った者の心のケアとも深く関係している。大切な人を失った苦痛を受け入れ、その後の人生を生きる準備をするためには、一定の時間が必要なのだ[14]。大惨事を生き残っ

---

13) モーリス・アルヴァックス（小関藤一郎訳）『集合的記憶』行路社、1989年。
14) 金菱清『震災学入門——死生観からの社会構想』筑摩書房、2016年。

た被害者が身体的・心理的・経済社会的に回復するには時間がかかる。それまで、彼・彼女たちはケアを必要としている。ここで言うケアとは、自らの「傷つきやすさ（第9章参照）」を前提とした、他者の尊厳や良き生に対する心理的配慮、すなわち「思いやり」を意味する。人間が社会から承認されるとき、その社会から「思いやられている」感覚を持てるかどうかが重要である。思いやられているから、がんばれる。思いやられているから、立ち上がれる。多くの人が、そういう経験をしたことがあるのではないか。これは実際に被災地でボランティアに助けてもらうとか、社会保障や福祉の支援を受けるとか、そういうことだけではない。まだ私たちは世間から忘れられていない、見捨てられてはいないのだと被害者たちが思えることが、もっと根本的に重要なことである。

　そしてこの「ケアによる承認」の感覚を被害者たちが持つためには、多くの人々からの言葉が伝えられる必要がある。しかし現場の実情を知らないまま、いくら慰めや励ましの言葉をかけても、それで被害者たちが「思いやられている」感覚になることは難しい。必要なのは、多くの人が実際に当事者たちと「時間をかけて」話し合い、かれらが置かれた状況を知ろうとすることだ。こうした対話を通じて、被害者ではない人たちは被害者たちの思いを知り、被害者に寄り添うことが可能になる。

　「ピンチはチャンス」でも「失敗は成功の素」でも、それが純粋に被害者のためを思って発言されるのであれば、それらが最終的に目指すのは、「禍転じて福となす」状況だろう。もしそれが実現するとすれば、それは惨事によって失われた犠牲が時間をかけて集合的記憶に昇華され、生き残った被害者たちが時間をかけてケアされるなかで、社会における人々の連帯が強まっていくことを通じてなのではないか。しかしスピード感を重視する風潮は、私たちを「焦

らせ」、そのために必要な「間」と「喪」を奪ってしまう。

　それゆえ、いかにしてこの社会に「間」と「喪」を保つことができるのかを考えるべきだ。しかし、「スピード感」「ピンチはチャンス」という言説の影響力は簡単にはなくならない。新自由主義の影響力の増大とともに、効率性重視の傾向をますます強めていく現代社会の状況（第5章参照）に、それらの言説は適合しているからだ。本書を読む人々の多くも、私と同じように、学校教育の様々な場面で、問題に効率的かつ迅速に回答することが正しいと教えられ、それを信じて実践してきたのだろう。そして就職活動や職業生活において、「スピード感を持って変化に適応でき」「ピンチをチャンスに変えられる柔軟性」がグローバル化時代を生き残る人材の条件なのだと聞かされて、自分がそうした人材だと証明するように迫られてきたのだろう。しかし、だからこそ、「スピード感」や「ピンチはチャンス」という一見疑問の余地がない言葉がもたらす社会的帰結を、批判的に考えなおすことが必要なのである。

キーワード

再帰性／高度（後期）近代（reflexivity/ high (late) modernity）
　再帰性とは、自己の以前の行為の帰結を振り返り、次に行う行為を修正する人間の能力を指す。この再帰性が制度を動かす原理として広く普及していったのが近代社会である。この再帰性の制度化が高度に進展したのが高度近代（後期近代）と呼ばれる段階であり、そこではフォード主義からポストフォード主義、コミュニティの衰退と個人化社会の台頭、包摂型社会から排除型社会への移行、リスク社会化などの社会変動が起こるとされる。

液状化する近代（liquid moderniry）
　→本文 105 ページ参照。

リスク社会（risk society）

ウルリッヒ・ベックが提案した概念。近代化の進行により、富の生産・分配ではなく社会が生み出したリスクとその分配が大きな社会的論争のテーマとなった社会のこと。このリスクは産業社会によって生み出され、グローバルな規模で拡大していく。リスクは人間の五感や常識的知識ではしばしば感知・理解できないため、リスクをどこまで受け入れるかをめぐって、科学的合理性、社会の倫理や個人の価値観をめぐる論争が繰り広げられることになる（東廉・伊藤美登里訳『危険社会――新しい近代への道』法政大学出版局、1998年）。

社会関係資本（social capital）
→第3章キーワード参照。

個人化（Individualization）
→第9章キーワード参照。

惨事便乗型資本主義（disaster capitalism）
→本文108ページ参照。

災害ユートピア（a paradise built in hell）
→本文110ページ参照。

エリート・パニック（elite panic）
→本文111ページ参照。

サバルタン（subaltern）

ポストコロニアリズムやフェミニズムの文脈において、サバルタンとは社会における従属的関係に置かれているがゆえに、その存在

や主張が公共圏において顧みられない人々のことをいう。

トラウマ（trauma）
　過去の出来事によって生じ、現在まで影響を及ぼし続ける心の傷。トラウマによって引き起こされる反応の一部がPTSD（心的外傷後ストレス障害）と診断される。トラウマの原因は様々であり、その反応の現れ方も多様である。トラウマはその個人だけの問題ではなく、戦争や災害、犯罪などの社会現象と密接につながっている。

集合的記憶（collective memory）
　特定の集団やコミュニティの構成員に共有され、相互に参照されることでそれらを束ねる役割を果たすような、過去をめぐる人間の知的営み。ナショナル・アイデンティティの形成や、人々の歴史認識のあり方にも、歴史教科書や映画、小説などのメディア、また博物館などの、集合的記憶を保持する社会的装置が深く影響している。（米谷ジュリア（塩原良和訳）「記憶装置としての博物館」倉沢愛子他編『20世紀のなかのアジア・太平洋戦争』（岩波講座　アジア・太平洋戦争8）岩波書店、2006年、261-288ページ）。

文献案内

○ジークムント・バウマン（森田典正訳）『リキッド・モダニティ──液状化する社会』大月書店、2001年
　現代社会を考察するうえで欠かせない「リキッド・モダニティ」（液状化する近代）という概念を提示し、その後のバウマンの高度（後期）近代論、グローバリゼーション論の土台となった書。英語版は2000年に刊行。

○ウルリヒ・ベック（東廉・伊藤美登里訳）『危険社会——新しい近代への道』法政大学出版局、1998年
　現代を考察するうえで重要な「リスク社会」をめぐる議論を提起した、現代社会学における重要文献。原著はチェルノブイリ原発事故直後の1986年に、ドイツで刊行された。

○宮地尚子『環状島——トラウマの地政学』みすず書房、2007年
　加害者を含めた、トラウマをめぐる関係者のポジショナリティとダイナミクスを分断する「環状島」モデルを提起する、人類学者・医師による著作。

第7章 ネイションとナショナリズム

1. 思想・帰属意識・身体感覚

　18世紀における市民革命を主要な起源とする国民国家（nation state）は、近代世界システムの拡大とともに発展し、第二次世界大戦後の脱植民地化とともに地球上を覆いつくした。グローバリゼーションが進行した今日でも、国民国家の正当な構成員としての「国民＝ネイション（nation）」が主体となる国家、という国民国家の理念は多くの社会や人々に強い影響力を保ち続けている。自らが属するネイションを尊重する意識と行為の一般が、ナショナリズムである[1]。吉野耕作はナショナリズムを、「われわれは他者とは異なる独自の歴史的、文化的特徴を持つ独自の共同体であるという集合的な信仰、さらにはそうした独自感と信仰を自治的な国家の枠組みの中で実現、推進する意志、感情、活動の総称」と定義した[2]。つまりナショナリズムとはネイションに帰属しているという意識・感情であるとともに、ネイションの自律・自決を求める政治・社会・文化的運動でもある。

　ナショナリズムには、本質的には矛盾する他の様々なイデオロギーと結びつく柔軟性がある[3]。現代日本では「右派」が「愛国」で、

---

1) 大澤真幸・塩原良和・橋本努・和田伸一郎『ナショナリズムとグローバリズム——越境と愛国のパラドックス』新曜社、2014年、14ページ。
2) 吉野耕作「ネーションとナショナリズムの社会学」梶田孝道編『新・国際社会学』名古屋大学出版会、2005年、43ページ。
3) アンソニー・D.スミス（巣山靖司監訳）『20世紀のナショナリズム』法律文化社、1995年。

「左派」が「反日」という、安易な二元論的図式に基づいてしばしば議論されるが、社会主義とも、マルクス主義とも、ファシズムとも、保守主義とも、人種主義とも、自由民主主義とも、新自由主義とも、ナショナリズムは歴史上、結びついてきた。この多様な出現形態のゆえに、特定の政治勢力だけがナショナリストだと決めつけることはできないし、ある特定のナショナリズムに反対したからといって、その人がナショナリズムそのものに反対しているとは限らない。ナショナリズムを強調する政府を批判する者は、そのような政府の態度が周辺諸国との協調を損ない、かえって「国益（national interest）」を損なうと主張できる。その批判者も「ネイションの利益」を重視しているわけだから、ナショナリズムの立場から自説を展開している。政府を批判する者は自らを「真の愛国者」だと主張するかもしれないし、周囲からそう評価されることもある。

現代におけるナショナリズムのあり方を考察する際、「思想」（＝言語化・体系化された政治的信念）としてのナショナリズムと、「アイデンティティ」（＝帰属意識）、あるいは感情やその源となる「ハビトゥス」[4]（＝身体感覚）としてのナショナリズムは、明確に区別される必要がある。ハビトゥスとは、所与の特定の環境のなかで習得され、身に着いたものの見方、感じ方、ふるまい方であり、ほとんど意識的に方向づけられることなく作用する個人の性向である。先進諸国で生まれ育った人々の場合、思想としてのナショナリズムから距離を置いていたとしても、帰属意識としてのナショナル・アイデンティティがまったくないことはまれだ。どこか特定の国に所

---

4) ピエール・ブルデュー（石井洋二郎訳）『ディスタンクシオン──社会的判断力批判』Ⅰ・Ⅱ、藤原書店、1990年。『現代社会学事典』（弘文堂、2012年）の宮島喬による解説も参照。

属しているという意識を積極的に否定するコスモポリタニストであっても、たとえばスポーツの国際試合を観戦するときに自国のチームに「自然と」感情移入することはあるだろう。異郷の地で自国の文化を思い出し、ふと「懐かしい」気持ちになることもある。そのような感情や身体感覚としてのナショナリズムの影響を完全に拒絶することは、容易ではない。

　オリンピックで自国を応援するのはあたりまえだからナショナリズムは「自然な」もので、したがって外交や国防政策においてもナショナリズムを優先すべきだ、といった立論をする学生がよくいる。確かにナショナリズムは私たちの意識だけではなく、アイデンティティや身体感覚にも強い影響を与えている。それゆえそこから自由になることは容易ではないし、自由であるふりをすることに慎重でなければならない。しかしナショナリズムの影響力が根強いからといって、それが「自然な」ものであるとは言えない。私たちの帰属意識や身体感覚としてのナショナリズムは社会的に構築され、個々人に歴史的に内面化されてきたものである。本章と次章で紹介するネイションとナショナリズムの社会理論は、そのことを明らかにしてきた。たとえ根強い影響力をもっていても、それが正しい道でなければ抗わなければならないこともあるし、知恵と勇気と理性で抗う力が人間にはある。そのためにも、帰属意識や身体感覚としてのナショナリズムが、「自然な」ものではないと知っておくのは有益だ。

2．ネイションの起源——近代主義とエスノ・シンボリズム

　大澤真幸が述べるように、ネイションという概念は非常に定義が困難であり、どのように定義してもそれに当てはまらないネイションが存在してしまうし、ネイションとそれ以外の民族・文化・政治

集団を厳密に区別することもできない[5]。

1980年代から90年代にかけて、英語圏の社会学・人類学を中心に、ネイションがいかにして歴史的に形成されてきたのかをめぐる論争があった[6]。その主張は、「近代主義」と「エスノ・シンボリズム（エスニー主義・原初主義）」と呼ばれる立場に大別される。

近代主義の代表的論者は、エルネスト・ゲルナー、ベネディクト・アンダーソン、エリック・ホブズボームらであった。その主張のポイントは、ネイションの成立を説明する要因として、近代化、産業化、資本主義の発展を重視することにある。たとえばゲルナーによれば、産業化の進展が同質的で流動的な労働力を生み出すための、国家単位での標準化された言語や教育の普及の要請が、ネイションという人口集団をつくりだした。そして村落共同体から切り離された労働者たちを統合するための代替的な統一的文化として、国民文化が成立していった[7]。アンダーソンは、中世的な宗教的統合と地域共同体が衰退するとともに、印刷技術の進歩による出版資本主義の発展、植民地の官僚機構、地図や国勢調査、博物館といった制度やシンボルにより、直接は関わらない人々が「ひとつのネイションに属している」という想像上の絆で結ばれたという「想像の共同体」論を提起した[8]。ホブズボームは古来より続いてきたと思われている「国民的」伝統の多くが、比較的最近になって人為的につくらされたものであることを歴史学的に検証した。そして社会の変

---

5) 大澤ほか前掲書、14-26ページ。
6) 吉野前掲論文。
7) アーネスト・ゲルナー（加藤節監訳）『民族とナショナリズム』岩波書店、2000年。
8) ベネディクト・アンダーソン（白石隆・白石さや訳）『定本　想像の共同体——ナショナリズムの起源と流行』書籍工房早山、2007年。

化に対応して既存の伝統を新たな目的で活用したり、古来の歴史的材料を用いて新奇の目的のために新しい伝統を創りだすことを「伝統の創造」と呼び、近代化とともにそのような「伝統」に基づいた商品やイベント、制度が大量に生産され「国民文化」が形成されたと論じた[9]。

　一方、近代以前から続く歴史的過程の産物としてのネイションの側面を強調するのが、アントニー・スミスに代表されるエスノ・シンボリズムの立場である。スミスによれば、近代ネイションの原型としての前近代における「エスニー(エスニック・コミュニティ)」のいくつかが近代において復活し(エスニック・リバイバル)、政治・文化的ナショナリズムを経て近代ネイションが形成された。スミスはナショナリズムに他のイデオロギーを圧倒する動員力があるのは、エスニーがシンボル・神話・集合的記憶として活用されるからだと主張した[10]。

　近代主義とエスノ・シンボリズムは論争を繰り広げたが、近代主義者もネイション形成における前近代からの歴史・文化的要素の重要性を否定したわけではない。またエスノ・シンボリズムも、ネイションが前近代のエスニーそのものではなく、それが近代以降にある程度変形されて成立することを前提としている。それゆえ現時点から振り返れば、両者の相違は近代ネイションにおける前近代的要素の継続をどの程度重視するかという強調点の違いである。

---

9) E. J. ホブズボーム(浜林正夫ほか訳)『ナショナリズムの歴史と現在』大月書店、2001年。E. ホブズボウム、T. レンジャー編(前川啓治ほか訳)『創られた伝統』紀伊國屋書店、1992年。
10) アントニー・D. スミス(巣山靖司・高城和義ほか訳)『ネイションとエスニシティ——歴史社会学的考察』名古屋大学出版会、1999年。

3. シビック・ナショナリズムとエスニック・ナショナリズム

　誰がネイションの真正な構成員かを決める基準の違いによって、「シビック・ナショナリズム」、「エスニック（エスノ）・ナショナリズム」が区別されることがある[11]。シビック・ナショナリズムは18世紀末のフランス革命、アメリカ独立革命といった市民革命をその重要なモデルとしており、生まれ育ちや言語・文化に関係なく、個人の自由や平等を重視したリベラルな価値観を共有し、国民社会に対する一定の責任を果たせば、ネイションの構成員になれるという理念である[12]。したがってシビック・ナショナリズムは原理的には、外国生まれの人でも、どのような人種・民族・文化的出自の人でも、リベラルな価値を体現した公共文化を受け入れればネイションになれるという意味で、普遍主義的な側面がある。このシビック・ナショナリズムは、「パトリオティズム（愛国主義）」とも呼ばれる。ネイションの日本語訳のひとつである「国民」は、シビック・ネイションというニュアンスが強い。シビック・ナショナリズムの原理を日本語で簡潔に表すと「国民主権」となる。ただし、「日本国民」はしばしば、「日本（大和）民族」と区別されずに使われる。

　一方、エスニック・ナショナリズムは、19世紀のドイツロマン主義の影響を受けて確立した。それは固有の伝統文化や血統を継承する人々が、そのネイションの正当な構成員であるという思想である[13]。ネイションは「民族」とも訳せるが、その場合はエスニック・ネイションのニュアンスが強くなる。それゆえエスニック・ナショナリズムの原理は「民族自決」と表現できる。なお国民主権も

---

[11] 同上書、159-163ページ。
[12] 大澤ほか前掲書、194-198ページ。
[13] 同上書、89-95ページ。

民族自決も、英語ではself-determinationと訳すことができ、この文脈ではネイションが自らの属する国家について自己決定する権利を意味する。

　エスニック・ナショナリズムは、自らのネイションを太古から継続している「古い」ものであるかのように主張したがる[14]。しかし、歴史上、早くから出現したのはシビック・ナショナリズムであり、エスニック・ナショナリズムは比較的新しい現象である。アンダーソンは近代ナショナリズムの起源を、18世紀の中南米における脱植民地革命に求めた。そして米国とフランスでの市民革命の成功を経て、ネイションとナショナリズムは「モデル（モジュール）」として確立し、多くの国家に伝播していった。19世紀に近代国家の建設を急いだ後発資本主義国では、王家が伝統的文化や血統による国民統合を進める「公定ナショナリズム」＊を導入したため、エスニック・ナショナリズムの思想が有力になった[15]。こうしてシビック・ナショナリズムによって統合された西欧のネイションと、エスニック・ナショナリズムによる東欧・ロシアのネイションという分類が、ナショナリズムを論じる際の標準として定着することになった。

　第二次世界大戦以後、多くの植民地が独立を果たし、また冷戦の崩壊によっても新たな独立国家が生まれたが、それらの国々でも国民形成の際に伝統文化や民族的凝集性を重視するエスニック・ナショナリズムが強調される傾向にあった。しかし、そうした民族性や文化には、宗主国に対する抵抗運動や独立運動の過程で創造・再構築された側面がしばしばあった。

---

14)　アンダーソン前掲書。
15)　同上書。

西欧諸国のネイションはシビックで、東欧、ロシア、アジア、アフリカの国々のネイションはエスニックであるという通念は、こうして定着した。しかし今日では、エスニック・ナショナリズムの傾向が強い国の政府でも、自由や人権、民主主義といった市民的な価値を無視するわけにはいかない。それゆえ多くの場合、エスニック・ナショナリズムに市民的要素を折衷させた国民統合が行われる。

　逆にシビック・ナショナリズムが強い西欧諸国においても、エスニック・ナショナリズムの要素は混在している[16]。もし、市民的価値の共有だけがネイションの基準であるとしたら、その価値さえ共有すれば誰でもすべてのネイションの構成員になれるということになり、国境が意味をなさなくなってしまう。つまり完全にシビックなネイションというのは、論理的にはありえない。したがってシビック・ナショナリズムにおいても、「われわれ国民」と「他の国民」を区別する何らかの基準が導入されることになる。

　その第一の方法は、シビック・ナショナリズムにエスニックな要素を折衷させることである。すなわち、自分たちのナショナル・アイデンティティの中核となる伝統や文化といったエスニックな要素は、自由民主主義と両立するものであると主張される。たとえば、シビック・ナショナリズムの本家と目される米国でも、英語は国民社会における主要な構成要素だとされる。もちろん、英語は北米大陸に移住したアングロ・サクソン系の人々のエスニックな文化要素である。黒人奴隷のルーツであるアフリカの言語でも、現在の米国で多くの人口を占めるヒスパニックの言葉でも、アジア系移民の言語でも、何よりも英語系住民以前からその地に住んでいた先住民族の言語でもなく、英語こそがナショナルな公用語であると主張する

16）　大澤ほか前掲書、194-198ページ。

のはエスニック・ナショナリズムなのだが、それはシビック・ネイションとしての米国と両立可能であるとされる。

　第二に、自由・民主主義・人権といった普遍的な諸価値こそが自分たちのネイション本来の「伝統」であると主張するやり方がある。これはいわば普遍主義の「エスニック化」である。米国と同様に典型的な移民国家とされるオーストラリアの国民統合言説には、こうした傾向が見出される[17]。この論理は必然的に、自分たちのネイションと異なっていたり、敵対していたりする他者を「自分たちと違って普遍的ではない（反民主主義的である）」と見なすことに帰結する。その点で、それは非西洋の他者、とりわけイスラム諸国やムスリムの人々に対するオリエンタリズム（後述）に陥る危険性を孕んでいる。

　いずれの形態をとるにせよ、今日のネイションはほとんどの場合、エスニックとシビックの混合形態として成立している。それを示しているのが、各国の国籍法における生地主義と血統主義＊の概念のあり方である。多くの先進国家において、両方の側面を折衷した国籍法が採用されている。

4．「熱い」ナショナリズムと「冷たい」ナショナリズム

　近代主義対エスノ・シンボリズムの論争は、ネイション形成の歴史的起源の説明の仕方をめぐるものであった。それに対して吉野耕作は、ネイションの創出を目指すこうした「創造型ナショナリズム」と「再構築型ナショナリズム」の区分を提案した[18]。また吉

---

17) 塩原良和『ネオ・リベラリズムの時代の多文化主義——オーストラリアン・マルチカルチュラリズムの変容』三元社、2005年。
18) 吉野耕作『文化ナショナリズムの社会学——現代日本のアイデンティティの行方』名古屋大学出版会、1997年。

野は、人々の日常生活でナショナリズムがいかにして受容され、使用されているかに注目する「ナショナリズムの消費」という概念も提起した[19]。ナショナリズムの消費と再構築（再生産）は多くの場合、マス・メディア等の言説や国旗・国歌等のシンボル、およびイベントや儀式等を媒介にして行われる。ワールドカップやオリンピックといった国家代表同士が競うスポーツイベントでは、人々は日の丸を振って応援し、君が代を歌う。日本代表の動静はメディアを通じて日本中に伝えられ、全国が「ガンバレ・ニッポン」モードに突入する。そこに様々なビジネス機会が発生し、経済効果がうたわれる。そして、文字どおりナショナリズムは商品として「消費」される。

こうしたナショナリズムの「消費」は、「熱い」「冷たい」ナショナリズムという概念とも関係している[20]。「熱い」ナショナリズムとは、政府が人々の愛国心を動員して戦争や独裁を行ったり、そのような政府に対して民衆や反体制勢力が抵抗するような際に発動される、明確に政治化されたナショナリズムである。それに対して「冷たい」ナショナリズムは、民主主義が確立した「平和」な社会での出来事であり、「脱政治化」されたとされるナショナリズムである。たとえばサッカーのワールドカップやオリンピックで「日の丸」を振って応援する人々は、国旗を振って国家代表を応援しているのだからナショナリズムを消費しているのだが、独裁者や反体制勢力が鼓舞したり、民衆がそれに熱狂したり反抗したりするようなナショナリズムとは異なり、政治的ではないので無害だとされがちである。マイケル・ビリッグはこの「冷たい」ナショナリズムを

---

19) 同上書。
20) Michael Billig, *Banal Nationalism*. London: Sage, 1995.

「陳腐なナショナリズム（banal nationalism）」とも呼んだ。すなわち暴力や運動のように政治的だと意識されない、日常生活の習慣的行為としてのナショナリズムのことである[21]。

　民主主義が確立して安定した国民国家（「先進国」）の「冷たい」ナショナリズムは無害であり、問題となるのは非民主主義的で市民社会が成熟していない「遅れた」国々のナショナリズムである、という見方は、オリエンタリズムに影響されている。ポストコロニアル研究の古典的概念であるオリエンタリズムとは、西洋の文化・社会・政治に見出される、「東洋」と「西洋」には本質的な差異があり、前者を後者よりも劣ったものとする「西洋」の人々の思考・支配・言説のあり方である[22]。

　実際には、先進諸国における「冷たい」はずのナショナリズムが、いつ「熱く」ならないとも限らない。領土問題、経済問題や移民・難民問題などで政府がナショナリズムを煽ることは起こりがちだし、それによってマイノリティへの差別や抑圧を実践する排外主義が盛り上がることもある。次章で論じるように、現代先進諸国において、反テロリズム、反移民、貧困層への排斥など、様々なかたちでナショナリズムが活性化している。

　そもそも、「冷たい」ナショナリズムのほうが「熱い」ナショナリズムよりも問題が少ないとも限らない。なぜなら「冷たい」ナショナリズムとは、「忘却された」ナショナリズムでもあるからだ。多くの人々がナショナリズムに影響されていると自覚していない、あるいはナショナリズムに影響されている状況を「あたりまえ」と

---

21) *Ibid.*
22) エドワード・W. サイード（今沢紀子訳）『オリエンタリズム』平凡社、1986年。

思っている状態では、エスニック・マイノリティへの差別や不平等が正当化されたり隠蔽されがちになる。現代日本社会でも、「ここは日本なのだから、日本人のやり方が優先されるべきだ。日本に住もうとする外国人は日本人と同じように振る舞うのが当然だ」という風潮は、依然として根強い。そのような風潮自体が、「冷たい」ナショナリズムによる同化圧力であり、外国人住民の社会的排除をもたらしうる。「冷たい」「陳腐な」ナショナリズムは「熱い」ナショナリズムとは現れ方が異なっているだけで、問題を引き起こしうる。

「冷たい」ナショナリズムには、「熱い」ナショナリズムを「陳腐」と感じるナショナリズムも含まれるかもしれない。それは「熱くなっている」他国のナショナリズムに対して「冷静な対応」をしている「われわれ」に誇りや優越感を感じるという、ナルシスティックなナショナリズムである。「あの国は国威とか名誉とかになるとすぐに冷静さを失い、国際協調などお構いなしに国益を追求する。経済成長のためなら、なりふりかまわず行動する。なんと未成熟で品格のない国民だろう。それに比べて私たちはなんと成熟した『大人』の国民だろう」と優越感を感じるのも、ナショナリズムであることに変わりはないのだ。

キーワード

国民国家／ネイション（nation state/nation）
→本文 121 ページ参照。

ナショナリズム／近代主義／エスノ・シンボリズム／想像の共同体／伝統の創造（nationalism/modernist approach/ethno symbolism/imagined communities/ invention of tradition）
→本文 121-125 ページ参照。

ハビトゥス (habitus)

→本文 122 ページ参照。

シビック／エスニック・ナショナリズム (civic/ethnic nationalism)

→本文 126-129 ページ参照。

公定ナショナリズム (official nationalism)

　ベネディクト・アンダーソンが提唱した概念。18 世紀頃から発展してきたナショナリズムの波を受けて、君主制を維持していた諸国が体制維持のためにナショナリズムの原理を取り入れた国民統合を行おうとしたことに端を発する。このような支配体制による上からのナショナリズムは、現在に至るまで多くの国家で観察できる（白石隆・白石さや訳『定本　想像の共同体──ナショナリズムの起源と流行』書籍工房早山、2007 年）。

生地主義と血統主義 (jus soli/jus sanguinis)

　各国の国籍法は、出生に伴う国籍取得に際して、誰にその国の国籍を認めるかについてふたつに大別される。生地主義は、その国で生まれた者に国籍を認め、血統主義は親の国籍を承継する。また移住等による国籍取得に際しては、行政の裁量などによる「帰化」と、一定の居住期間などを要件に、権利として国籍を取得する「居住主義」に分かれる。かつては移民受入国では生地主義を採用する傾向が強かったが、次第に血統主義の要素を取り入れた折衷的なものになっている。一方で血統主義を維持していた欧州諸国では生地主義の要素が取り入れられており、両者は接近しつつある。

創造型／再構築型ナショナリズム、ナショナリズムの消費（primary/secondary nationalism, consumption of nationalism）
→本文 129 ページ参照。

熱い／冷たい／陳腐なナショナリズム（hot/cold/banal nationalism）
→本文 130-131 ページ参照。

オリエンタリズム（orientalism）
→本文 131 ページ参照。

文献案内

○大澤真幸・塩原良和・橋本努・和田伸一郎『ナショナリズムとグローバリズム——越境と愛国のパラドックス』新曜社、2014年

　ナショナリズムの活性化とグローバリズムの興隆という、一見矛盾する現象はどのように統一的に理解できるのか。そのための重要な用語を解説した「読む事典」。各項目はゆるやかな体系性をもって編まれているので、入門書として通読することもできる。

○ベネディクト・アンダーソン（白石隆・白石さや訳）『定本 想像の共同体——ナショナリズムの起源と流行』書籍工房早山、2007年

　「想像の共同体」としてのネイションという概念を提起した、ネイション・ナショナリズム論における重要な著作。宗教共同体と王朝の影響力の退潮、出版資本主義の発展、植民地官僚の「巡礼」、出版語の形成、公定ナショナリズム、統計調査、地図、博物館など、想像の共同体としてのネイションを形成した社会的メカニズムを世

界的視野から俯瞰した。

○吉野耕作『文化ナショナリズムの社会学——現代日本のアイデンティティの行方』名古屋大学出版会、1997年
　日本における社会学的ナショナリズム論の第一人者によって展開されるナショナリズム理論の再構成と、日本の文化ナショナリズムに関する実証的研究。

第8章 グローバル時代のナショナリズム

1．パラノイア・ナショナリズム

これまで論じてきたように、グローバリゼーションは人々の物理的・象徴的なモビリティを高める（第3章参照）。さらに、効率性を高めるための競争にまきこまれた人々はゆとりと居場所を失い（第5章参照）、競争に敗れて、自分の人生が思うがままにならなくなることへの不安にさらされる（第2章参照）。そして、個々人が自己責任で人的資本を身に着けて加速する資本主義に対応すべきだとする新自由主義／グローバリズムの規範を内面化し、「焦り」感覚を募らせる（第6章参照）。

そのような焦りを克服できるだけの十分な潜在能力を持つ一部の人々は、グローバル・エリートないしGMMC（グローバル・マルチカルチュラル・ミドルクラス）（第2章参照）として、実際に国境を越えて移動していく。こうした人々は、ビジネスや人生の質を高めるうえでもっとも都合の良いシティズンシップを提供してくれる国家に移住し、状況が変われば再び他国へと移動していく「フレキシブルなシティズンシップ」＊を実践する人々である[1]。

だが第2章で述べたように、グローバルな社会変動に独力で対応できる人々は、実際にはごく一握りである。私たちの大半は、努力してもそこまでの力は持てない。したがって、自らが帰属する集団、特に国家の助けを借りて強迫観念や不安を和らげようとしがちであ

---

1) Aihwa Ong, *Flexible Citizenship: The Cultural Logics of Transnationality.* Durham: Duke University Press, 1999.

る。にもかかわらず第5章で述べたように、新自由主義／グローバリズムの影響で福祉国家体制は弱体化し、グローバル化するリスクから国家が人々の安心・安全を保障する力は低下している。それゆえ多くのマジョリティ国民は、それまで自分たちがあたりまえのように享受してきた安全や安心を、失われつつある「既得権益」だと認識する。そして流入する移民・難民・外国人や、社会福祉の対象になっている人々が自分たちの既得権益を脅かすものに見えてしまう。そのような感覚に正当な根拠がなかったとしても、マスメディアやインターネットを通じて言説が拡散されていくなかで、被害者意識（パラノイア）がいたずらに肥大化していく。

　こうして新自由主義／グローバリズムの影響を強く受けた国民国家では、パラノイア・ナショナリズム、すなわちマジョリティ国民のパラノイアを原動力とする排外主義的ナショナリズムが影響力を増す[2]。パラノイア・ナショナリズムは、日本を含む現代先進諸国のマジョリティ国民のナショナリズムの重要な表出形態である。現代日本において、それは主にふたつの形態で観察される。ひとつは、移民・難民・外国人へのレイシズムやヘイトスピーチ、ヘイトクライムである。これについては次章で詳述したい。以下ではもうひとつの重要な表出形態である「福祉ショーヴィニズム」について考察する。

2．福祉ショーヴィニズム──「国を愛すること」と「国に愛されること」

　大澤真幸は、排外主義的ナショナリズムの論理においては、「愛

---

[2] ガッサン・ハージ（塩原良和訳）『希望の分配メカニズム──パラノイア・ナショナリズム批判』御茶の水書房、2008年。

国心」という言葉の意味がしばしば転倒していると論じる[3]。「愛国心」とは通常「国を愛する心」だと解釈され、実際に「愛国者」は国を愛しているのだと主張する。しかし、大澤によれば、排外主義に囚われた人々の主張する「愛国」は「国に愛される」という意味に転倒している。つまり、自分には「国に愛される」資格があるが、同じ国に住んでいても、自分とは異なる種類の人々にはその資格がない。したがってそのような人々を排除し、資格のある自分たちのためだけに「愛」を向けるべきである、と主張される。ここで言う「愛」を「私たちの税金の使い道」などと言い換えてみれば、これが福祉ショーヴィニズム（排外主義）の論理であることが理解できる。それは、外国人、移民・難民、貧困層、障がい者などの支援に、われわれの税金で賄われている社会福祉・社会保障予算を使うな、どうしても使うのであれば「お情け」を受けていることをかれらに自覚させ、服従を誓わせろ、という主張である。

　国家と国民の関係を「親（父ないし母）と子の愛」に喩えることは、非常にしばしば行われてきた。ここでも、親子関係のメタファーで考えてみよう。子が「親を愛する」気持ちは、排他的であるとは限らない。他にきょうだいがいても、父母の夫婦愛が強くても、それと自分が「親を愛する」気持ちは共存しうる。むしろ、自分と同じように親を愛している家族との連帯が生じる余地すらある。それに対して、子が「親に愛されたい」と願うとき、愛を排他的なものと捉える発想が生じがちになる。つまり、親からの愛を独占したいと、自分よりも愛されている（ように見える）きょうだいに嫉妬したり、父母の夫婦間の愛情を嫌悪したりする気持ちが生じること

---

3) 大澤真幸・塩原良和・橋本努・和田伸一郎『ナショナリズムとグローバリズム――越境と愛国のパラドックス』新曜社、2014年、320-329ページ。

がある。

　同様に、「国を愛する」という意味での愛国心は、自分と同じように国を愛していたり帰属している他者との共感や連帯を生み出しうる。これが前章で述べた、シビック・ナショナリズムの原理である。しかし、それが「国に愛されたい」欲望に倒錯するとき、他者を国からの愛を奪い合う競争相手と見なして排除しようとする心情が生まれる。それがマイノリティに向けられると、そうした人々を国からの愛（税金）の再分配を受ける資格がないのにもかかわらず不当に特権／既得権益を得ている人々と見なし、パラノイアの対象として排除する主張が台頭する。

　パラノイア・ナショナリズムとしての福祉ショーヴィニズムの本質は、「限られた社会保障の財源の再配分を適切に行う」という合理的思考ではない。なぜなら、そこでは排除の対象となる人々も少なくとも潜在的には納税者であり、したがって税の再分配としての社会福祉・社会保障の対象に含まれるべきだという、あたりまえの事実が無視されるからである。国籍や出自、貧富の差がどうあれ、働けば所得税を支払う（給与から所得税を天引きした勤務先がきちんと行政に税金を納めていなかったとしても、それは勤労者の罪ではない）。買い物をすれば、消費税を支払う。そして住民票がある限り、地方税は支払わなければならない。そうした人々に社会保障を適用し、稼得能力や購買力を維持・強化することが、社会保障の財源を強化することもある。それゆえ、かれらの存在が社会保障にとってプラスかマイナスかは一概に言えるものではない[4]。

---

4) 塩原良和「外国につながる子どもの教育——シティズンシップの視点から」宮島喬・藤巻秀樹・石原進・鈴木江理子（編集協力）『なぜ今、移民問題か』（別冊『環』20）藤原書店、2014年、250-255ページ。

たとえばオーストラリアでは、難民、人道支援の見地からの移住者、家族移民といった、社会保障の適用を受ける可能性が比較的高いと思われている移住者の流入が国家財政にもたらす影響を、連邦政府自身がたびたび試算してきた。その結果、それらの人々は移住当初は社会保障コストを増加させるかもしれないが、時間が経って社会に統合されていくにつれて負担は消え、むしろ財政や社会に良い影響を与えることもあるとされている[5]。ここで重要なのは、こうした試算が日本を含む他国でも当てはまるかどうかだけではない。そもそも貧困層を納税者、すなわち社会の一員と捉える想像力を欠如させたまま、かれらに「自分たちの税金を使うな」という主張が行われることが問題なのである。つまり福祉ショーヴィニズムの核心は、合理的な損得勘定にはなく、「国に愛してもらいたい」人々が「愛」の証としての権益を独占することで、自分たちが国に愛されていることを確認し安心したいという、情緒的な欲望なのである。

3．リベラル・ナショナリズムとその限界

シビック・ナショナリズムについては前章で述べたが、それとよく似た言葉に、「リベラル・ナショナリズム」がある。シビック・ナショナリズムが主に社会学・歴史学的分析の際に用いられるのに対し、リベラル・ナショナリズムは政治哲学・政治理論の分野で論じられる規範的概念である。齋藤純一によれば、それは「文化的多元性を抑圧することのない仕方でナショナル・アイデンティティを再構築することによって、国民の間に連帯の意識や相互への信頼を

---

5) たとえば、Graeme Hugo et al., *Economic, Social and Civic Contributions of First and Second Generation Humanitarian Entrants* (Final Report to Department of Immigration and Citizenship), 2011.

醸成し、集合的アイデンティティの共有に依拠して、社会国家や討議デモクラシーを支えていこうとする」立場である[6]。

リベラル・ナショナリズムは、グローバリゼーションと多民族・多文化社会化をただ拒否するわけではない。それらによって後退してきた福祉国家理念（所得再分配による社会的シティズンシップの保障）と、人々の話し合い（討議）による民主主義的な政策決定をいかに維持できるかが、そこでは問われる。リベラル・ナショナリズム論は、そのためにはある種のナショナリズムが不可欠だと主張する。

所得再分配とは、人々が税金などで国にお金を支払い、それが比較的貧しかったり困っている人々に対して社会保障や福祉サービスとして使われることである。そもそも私たちの納める税金は、すべて私たち自身のために使われるわけではない。私たちは税金などを納めることで、そのお金が見ず知らずの他人のために使われることを結果的に認めている。こういう制度化されたつながりも「社会的連帯」＊と呼べる[7]。だが、新自由主義的な「小さな政府」の発想が強まってくると、私たちは自分が納めたお金が自分のため以外に使われることに、次第に不寛容になっていく。その露骨な表れが、先述した福祉ショーヴィニズムである。そのような状況で社会的連帯を維持して福祉国家政策を遂行していくためには、制度化されたものではなく、より明確な連帯意識が必要であり、それこそが「見ず知らずの人であっても同じ国民なのだから、自分のお金がその人たちのために使われることを認めよう」という、ナショナリズムな

---

6) 齋藤純一『政治と複数性——民主的な公共性にむけて』岩波書店、2008年、40ページ。
7) 同上書、159-190ページ。

のである。だが、これだけでは福祉ショーヴィニズムを許してしまうので、「同じ国民」の範囲を、マジョリティ国民だけではなく異なる文化や価値観を持ったマイノリティを含むものに、すなわち、より寛容という意味で「リベラルな」ものに変えていかなければならない。リベラル・ナショナリズムは以上のように主張する。

そうなると、文化的・価値観的に多様な人々が、国家の意思決定に対等な立場で参加することがいかにして可能か、すなわちデモクラシーをどのように維持するのかが、問題となる。しかしマイノリティの人々が対等に参加できる政治体制をつくるためには、そもそも、いま既得権益を持つマジョリティの人々を説得して、自分たちの意見を変えさせなければならない。そのためにも、「文化や価値観が違っても同じ国民なのだから、私たちと対等な立場で政治に参加させなければいけない」というリベラルなナショナリズムが必要となる。そしてリベラル・ナショナリズム論は、人々の民主的な討議そのものから連帯は生み出されないので、デモクラシーの前提としてナショナリズムによる連帯がなければならないと考える。それに対して、ナショナリズムに頼らずとも、デモクラシーの継続的な実践そのものが人々に連帯を生み出しうると考えるのが、「憲法パトリオティズム」*の主張である[8]。

つまりリベラル・ナショナリズム論は、グローバリゼーションと新自由主義・多民族・多文化化という社会変動に直面した人々が、福祉国家とデモクラシーを維持していく前提条件がナショナル・アイデンティティの再強化なのだと考える。そのために現状の国民文化の歴史的文脈、すなわちマジョリティ民族集団の文化が基盤になっているという事実を容認しながら、それをマイノリティ文化に対

---

8) 同上書、50-56ページ。

してより寛容な方向に向けて部分的に修正することで、包摂的なシビック・ネイションによる同化や排除のない社会統合を実現することを目指す。

このリベラル・ナショナリズム論の限界は、純粋なシビック・ネイションを実現することが困難であるという、前章で指摘した事実と関係している。齋藤は、以下のように整理している[9]。まず、リベラル・ナショナリズムが目指す、完全に中立な「公共文化」を形成することは難しい。その結果、マジョリティ文化との差異が大きいマイノリティほど同化圧力がかかり、社会的に排除されやすくなってしまう。第二に、社会保障制度やデモクラシーの維持のためにナショナル・アイデンティティが不可欠だと強調すればするほど、人々の「国民化」に向けた社会の規律化を高めることになる。その結果、ナショナリズムから距離を置いたアイデンティティ（第3章で述べたコスモポリタニズムなど）を志向する人々や、移民やダブル（ハーフ）の国際児など、複数のナショナル・アイデンティティのあいだを揺れ動いている、あるいはそれらを同時に生きようとしている人々を、生きにくい状況に追い込んでしまう可能性がある。第三に、ナショナリズムが国民国家の維持、ひいてはグローバリゼーションの時代の人々の生存の前提とされてしまえば、国家の境界を越える公共文化や政治的プロジェクトを構想することが難しくなる。その結果、人々の関心が自国中心主義的で「内向き」になることを助長してしまいかねない。また永住外国人、特に非正規滞在者への排外主義や福祉ショーヴィニズムを抑制することも難しくなってしまう。

---

9) 同上書、47-49ページ。

4．「国益」をめぐるポリティクス

　こうしたリベラル・ナショナリズムの立場まで含めれば、より保守的なエスニック・ナショナリズム、さらに排外主義的な極右のナショナリズムまで、日本を含めた現代先進諸国の主要な政治勢力は何らかの意味でナショナリズムを支持している。したがって、政治的争点になるのはナショナリストかどうかではなく、いかなるナショナリストであるか、ということになる。そこでは、自分たちのナショナリズムこそが「国益」に適う、真のナショナリズムであると主張し、敵対する政治勢力のそれを、国益を害する、誤った、偽りのナショナリズムであると非難する政治が行われる。

　状況を複雑にしているのは、こうした政治的構図に、本質的にはナショナリズムと矛盾するふたつの立場が錯綜して入り込んでいることである。ひとつは、新自由主義／グローバリズムを志向する立場である。市場での利益追求と国益が対立すれば基本的に前者を選ぶ市場原理主義は、ナショナリズムとは根本的に相容れない。アントニオ・ネグリとマイケル・ハートは、新自由主義規範を体現したグローバル・エリート、すなわちグローバル企業、国際金融機関やそれを管理し国際取引を規制できる先進諸国のエリート、何よりも軍事力の面で圧倒的に優位にある米国のエリートなどが国境を越えて連携し、先進諸国の非エリートや第三世界の人々を支配している構図を「帝国」と表現している[*10]。「帝国」は、本来的に非ナショナリスト的な主権権力である。

　ただし、グローバル・エリートたちが利益を追求するためには、国民国家の一般国民の支持も必要となる。そのため、グローバル市

---

10) アントニオ・ネグリ、マイケル・ハート（水嶋一憲ほか訳）『〈帝国〉――グローバル化の世界秩序とマルチチュードの可能性』以文社、2003年。

場における大企業やエリートの利益追求こそが「国益」に適(かな)うという論理で人々を説得しようとする。その論理の中核となるのが「トリクルダウン」仮説である。すなわち、大企業にたくさん利益を上げてもらえば、水が上から下にしたたり落ちる(トリクルダウン)ように、一般市民にも恩恵が及ぶはずだ、というものである。実際には、トリクルダウンは先進諸国では起きておらず、貧困層の所得拡大には手厚い社会保障政策が必要だという研究もある[11]。いずれにせよ、日本を含めた多くの先進諸国の政治状況を理解するうえで重要なのは、リベラル・ナショナリズムを志向し、デモクラシーと福祉国家を維持することを「国益」と掲げている勢力と、根本的には「帝国」と結びつきながら、それとともに新自由主義的「改革」を進めることこそ「国益」だと主張する勢力という対立軸である。

現代政治で台頭しつつある、もうひとつの非ナショナリズム的勢力は、ネグリらが「マルチチュード」＊と呼んだもの、すなわち世界中に存在する非エリートの多種多様な群衆のグローバルな連帯に新たな政治的可能性を構想する勢力である[12]。いわゆる「反グローバリズム」を掲げながら、それ自体はグローバルに拡散していく社会運動、たとえば2011年に米国のウォール街で始まった「オキュパイ」運動などが、そのイメージに近い。これらは「ポピュリズム」と呼ばれることもあるが、少なくとも原理的には、ナショナリズムの乗り越えという側面を持つ。

---

11) 阿部彩『子どもの貧困Ⅱ——解決策を考える』岩波書店、2014年、30-36ページ。
12) アントニオ・ネグリ、マイケル・ハート(幾島幸子訳)『マルチチュード——「帝国」時代の戦争と民主主義』上・下、NHKブックス、2005年。

5．テロリズムとナショナリズム[13]

　かつてアントニー・スミスは、ナショナリズムとファシズムを分析的に区別する必要を主張した[14]。それはファシズムという言葉のマイナスイメージが、ナショナリズムをより多様な歴史的現象として分析する妨げになっていたからである。日本でも、ナショナリズムと軍国主義を同一視する傾向は強かった。

　それでは、2000年代以降の世界において重要な社会現象となった「テロリズム」についてはどうだろうか。ファシズムと違い、テロリズムとナショナリズムを同一視する人は少ないかもしれない。だが、「反テロ戦争」を戦う国家の側も、「テロリスト」と同様に、あるいはそれよりはるかに大規模な暴力を行使していることは紛れもない事実だ。またテロリストを支援しているとされた国家は、「テロ国家」などと呼ばれる。しかしそうした人々や政府が自らテロリストやテロ国家と名乗ることはまずなく、むしろ自分たちをテロリスト呼ばわりする国々に反発するナショナリズムを燃え盛らせることがしばしばだ。こうして見ると、テロリズムとナショナリズムの区別も不確かなものである。はたして、テロリズムとナショナリズムは区別できるのか、というより、区別する意味があるのか。

5-1．テロリストと「名指す」こと

　FBIによるテロリズムの定義は「政治的あるいは社会的目的を促進するうえで、政府、文民あるいはそれを構成する一切に対して、脅迫、強要を加えるために人あるいは財産に対して違法な実力ある

---

[13] 大澤ほか前掲書、103-110ページ。
[14] アンソニー・D.スミス（巣山靖司監訳）『20世紀のナショナリズム』法律文化社、1995年、75-136ページ。

いは暴力を行使する」ことである[15]。犯罪社会学者ジョック・ヤングは、「違法な」という同語反復的（テロリズムと見なされることは、違法と見なされることなのだから）な言葉を除けば、この定義はテロリズムだとされていない国家による暴力にもあてはまるという。またヤングは別の社会科学者による「通例、一般大衆に影響を及ぼすために、非戦闘員を対象に、準国家集団あるいは地下工作員が行使する、事前に計画した政治的意図に基づく暴力」という定義も紹介している。この定義も、「準国家集団」という同語反復（テロリストは決して正統な国家とは見なされないのだから）を除けば、多くの国家が行う暴力に該当する。国家が行う戦争もおびただしい数の民間人を犠牲にしてきたし、地下工作員を用いた活動を行っている国家も多いだろう。

　結局、通常戦争とテロリズムを客観的に区別することは極めて難しい。権力と正当性がある国家が行うのが「通常戦争」で、それらがない敵対者が行うのが「テロリズム」である、という非対称な力関係によって、両者は異なったものに見えているだけなのだ。テロリズムへの私たちの嫌悪が、私たちに敵対する側が行使する暴力に「テロリズム」というレッテルを貼り、それに対抗する自分たちの暴力を「通常戦争」として正当化している。ハージが述べるように、テロリズムというレッテルを貼る側は、貼られる側に対して「象徴暴力」＊を行使しているのだ[16]。

5-2．他者の悪魔化と「戦時社会」

---

15) ジョック・ヤング（木下ちがや他訳）『後期近代の眩暈――排除から過剰包摂へ』青土社、2008年、284ページ。
16) ハージ前掲書、201ページ。

では私たちはなぜ、テロリズムをこれほどまでに特別視し、嫌悪するのだろうか。ヤングは、そこに前章で述べたオリエンタリズムの影響があるという[17]。オリエンタリズムのまなざしは、西洋に敵対する人々を邪悪で、愚かで、犯罪的な人々として「悪魔化」する。こうして「人間以下」のものとされた他者には、「われわれと同じ」人権を保障する必要がないとされ、超法規的な対抗措置が許容されるようになる。テッサ・モーリス゠スズキによれば、2001年の米国同時多発テロ以降、法治国家における法の支配が及ばない社会的領域（「ワイルド・ゾーン」）が、反テロリズムの名のもとに拡大してきた[18]。国家の中心では、民主主義や市民社会によって「ワイルド・ゾーン」の出現は抑制される。しかし辺境／国境においては市民社会の監視の眼がゆきとどかず、マイノリティや外国人の人権や尊厳が保障されない状況が生まれがちになる。反テロ法による人権を軽視した拘束が頻繁に行われ、アルグレイブなどの抑留施設も出現する。また独立を要求し抑圧に抵抗して武装闘争を行う辺境の先住・少数民族も、敵対する政府によってテロリストというレッテルを貼られて弾圧される。武装闘争を行っていない場合ですら、辺境に住む先住・少数民族たちは国境を横断した交易や人間関係を維持していることが多いため「外国の手先」とされやすい。国家の統制を受けずに国境を越えて移動する人々は、国家にとっての潜在的脅威、すなわち「テロリスト予備軍」とされるのだ。

　こうしたワイルド・ゾーンは、民主主義・法治国家において本来あってはならないが、民主主義と法の支配を守るためには「やむを

---

17) ヤング前掲書、282ページ。
18) テッサ・モーリス゠スズキ（辛島理人訳）『自由を耐え忍ぶ』岩波書店、2004年、21-24ページ。

えない措置」だと主張される。重要なのは、それが「やむをえない」とされることで、「隠されなくなる」ことである。つまり、国家による人権侵害や超法規的措置の必要性が擁護される事態が生じるのである。ハージは、この「やむをえない措置」が「恒常的な例外状況」として定着した状況を「戦時社会」と呼ぶ[19]。確かに、どの政府にも「裏の側面」はあるだろう。だが、「戦時社会」では、「裏の側面」だったはずの超法規的措置が、「表」で堂々と行われるようになる。テロリズムと見なされる暴力に対する超法規的措置を「やむをえない」として黙認することで、私たちは「戦時社会」状況に引きずり込まれていく。

5-3．あらゆる場所が「国境」になる

　西洋諸国における「戦時社会」状況の出現は、皮肉にも非西洋の人々の西洋への敵意を煽る結果となる。オリエンタリズムの反転像としてのオクシデンタリズム[20]によって悪魔化された、西洋に対する憎悪から、まさにテロリストが生み出されていく。一見すると、それはサミュエル・ハンチントンが予言した「文明の衝突」を彷彿とさせる。だが、「われわれ」が「かれら」をテロリストと名指すことでテロリストが生まれるのだとしたら、これは予言の自己成就、あるいは自作自演のシナリオにすぎない（第3章参照）。

　こうしてテロリストと呼ばれる人々と反テロリストを名乗る人々は、お互いに「理解不能な他者」のイメージを抱き、嫌悪する。この嫌悪は通常「ゼノフォビア」、すなわち自分とは異質な他者への嫌悪として説明される。しかし、ただ理解不能なだけなら、嫌悪す

---

19) ハージ前掲書、93-113ページ。
20) ヤング前掲書、287-289ページ。

る必然性はない。テロリストがわれわれと違う人間以下の存在であるとすれば、相手に好悪の感情など感じることなく淡々と殲滅すればよいだけのことだ。ではいったい、テロリストへの「嫌悪」はどこから生じるのか。

　ハージは自爆テロを題材として、それが異質なものに対する嫌悪ではなく、むしろ同質性嫌悪とでも呼ぶべき心情であることを明らかにする[21]。テロリストとされる人々の行為のうち、自爆テロはとりわけ「理解できない」ものとされる。自爆テロに走る人々の心情を「説明」し「理解」しようとする行為自体が、反テロリストからは道徳的非難の対象にされがちである。だが、自爆テロに走る人々の心情を説明し理解することは、実は可能だ。強大な敵に対して圧倒的に無力な状況に陥った人々が、自分の属する共同体を社会的に生き延びさせるために、自らは生物学的な死を選ぶ。敵に屈することなく自ら死を選ぶことが、その者の社会的な生（尊厳）の証となる。ハージはイスラエルに対するパレスチナの人々の自爆テロを、そのように説明する。しかし、これはテロリズムに限らず多くの場合で起こりうることだ。自分たちの共同体の戦死した英霊や殉教者を、私たちはそのようなものとしてイメージするのではないだろうか。

　しかし、テロリストとして悪魔化された人々を説明して理解してしまうのは、反テロリスト（為政者・指導者たち）にとっては危険なのだ。なぜなら、自分たちと敵対する人々が実は悪魔などではなく、自分たちと同じ生身の人間であることがわかってしまうのだから。そうなれば、そうした人々に対して行使される超法規的措置＝人権侵害を「やむをえない措置」として正当化することは難しくな

---

21)　ハージ前掲書、189-232 ページ。

り、「戦時社会」状況を維持することができなくなる。だからこそ反テロリストは、テロリストを「説明」しようとする人々、かれらが自分たちと「同じ」人間であることを明らかにしようとする人々を非難する。反テロリストは、テロリストが自分と異なるからではなく自分と同じであると認めたくないために嫌悪するのであり、それゆえテロリストを自分たちと同じであると説明しようとする人々を嫌悪するのである。

テロリストが私たちと同じ人間であることを認めない反テロリストにとってもっとも深刻なのは、「同胞」からテロリストが出現してしまうことである。だからこそ、2000年代後半以来、西欧諸国の宗教的過激主義によるテロリズムの多くが「ホームグロウン・テロリスト」によって行われていることが、大きな動揺を呼び起こしているのである（第3章参照）。外部からの侵入者であれば、国境における取り締まりを厳格化すればよい。しかし、私たちの社会の内部からテロリストが生まれてくるとしたら、どうすればいいのか。

その際に生じがちなのが、われわれの「内なる敵」を探し出して他者化する風潮である。こうしてアラブ系移民やイスラム教徒たちに対する社会の偏見が高まっていく。だが、それは国境に留まっていたワイルド・ゾーンが、国内の市民社会に滲み出ていくことを意味する。一般市民が突然、令状もなしに拘束され、公安当局には市民活動家を盗聴する権限が付与される。「やむをえない措置」によって守られるはずだった民主主義社会が、非民主的な戦時社会になっていく。すなわち、あらゆる場所が、「国境」となるのだ[22]。自由と民主主義のためとされる戦いが、自国を不自由で非民主的な社会にしていくというこの矛盾に、私たちはどのように対処すればよ

---

[22] 同上書、88ページ。

いのだろうか。

---キーワード---

フレキシブルなシティズンシップ（flexible citizenship）
　アイファ・オングは、投資や仕事や家族を移住させるといった手段によって、様々な国民国家のなかから負担を回避し利益を最大化できる国家を選んで一時的に帰属するというミドルクラス移民の国家への関与のあり方を「フレキシブルなシティズンシップ」と呼んだ（*Flexible Citizenship: The Cultural Logics of Transnationality*. Durham: Duke University Press, 1999）。

パラノイア・ナショナリズム（paranoid nationalism）
　→本文138ページ参照。

福祉ショーヴィニズム（welfare chauvinism）
　→本文138-139ページ参照。

リベラル・ナショナリズム／憲法パトリオティズム（liberal nationalism/constitutional patriotism）
　リベラル・ナショナリズムについては本文141ページ参照。それに対してハーバーマスは、市民による民主主義的な憲法をめぐる討議の過程それ自体に社会統合をもたらす力があるという「憲法パトリオティズム」を提唱した（齋藤純一『政治と複数性――民主的な公共性にむけて』岩波書店、2008年）。

社会的連帯（social solidarity）
　人々が互いの生活を相互に保障するために形成する社会的連帯には、特定の人々が具体的に支え合うネットワークと、社会保障制度を媒介として見知らぬ人々のあいだで成立するものがある。後者は

福祉国家の基盤を形成するが、社会保険料や納税といった義務を人々に課す強制的な性質を帯びるがゆえに、新自由主義の台頭や国民国家の自律性の低下とともに動揺している（齋藤純一『政治と複数性——民主的な公共性にむけて』岩波書店、2008年）。

帝国／マルチチュード（empire/multitude）
　アントニオ・ネグリとマイケル・ハートは、グローバリゼーションのなかで形成される、超国家的なネットワークによる主権形態を＜帝国＞と呼び、それに抗してグローバル民主主義の形成へと向かう複数の多様な集団的主体を「マルチチュード」と呼んだ。マルチチュードは多種多様な社会的生産の担い手すべてを潜在的に含む包括的な概念であり、常に複数で多様でありながらも協働することのできるグローバル民主主義の構成主体であるとされる（水嶋一憲ほか訳『〈帝国〉——グローバル化の世界秩序とマルチチュードの可能性』以文社、2003年）。

テロリズム（terrorism）
　→本文147ページ参照。

象徴暴力（symbolic violence）
　→「おわりに」キーワード参照。

悪魔化（demonization）
　→本文149ページ参照。

ワイルド・ゾーン／戦時社会（wild zone/warring society）
　→本文149ページ参照。

ゼノフォビア（xenophobia）
→本文 150 ページ参照。

―文献案内―

○テッサ・モーリス‐スズキ（辛島理人訳）『自由を耐え忍ぶ』岩波書店、2004 年

　代表的な日本研究者であり、知識人として日本語で発信を続けてきた歴史学者による評論集。2000 年代前半の日本や国際社会における新自由主義の台頭とデモクラシーの危機に対する診断と警鐘は、いまも色あせない。

○齋藤純一『政治と複数性――民主的な公共性にむけて』岩波書店、2008 年

　民主的な公共性の確立に向けた、同質性の政治から複数性の政治への転換の可能性の探求と、社会的連帯の可能性の擁護。現代政治理論における重要概念が平易な文体で論じられている。

○アントニオ・ネグリ、マイケル・ハート（水嶋一憲ほか訳）『〈帝国〉――グローバル化の世界秩序とマルチチュードの可能性』以文社、2003 年

　グローバリゼーションやポストモダンと呼ばれる時代において出現した、主権の新しいグローバルな形態としての〈帝国〉と、それに抵抗するマルチチュードという概念を提起し、思想書の枠を超えて多大なインパクトを与えた著作。原著は 2000 年に刊行された。

第9章　ヘイトスピーチと差別

1．ヘイトスピーチを黙認する「空気」

2000年代後半以降の日本社会では、いわゆる「ネット右翼」や「行動する保守」などと呼ばれる人々による、外国人住民をはじめとする民族的・社会的マイノリティ[1]に対する攻撃的な言動が注目を集めるようになった[2]。それに伴い、「ヘイトスピーチ」＊という概念への関心も高まった。ヘイトスピーチとは、人種・民族／エスニシティ・宗教・ジェンダーといった集団に属しているとされた人々に対して、そうした属性を侮蔑し差別意識を煽(あお)って憎悪をかき立てるような表現である[3]。従来、日本ではヘイトスピーチに関する学術研究は法律学の領域において行われることが多かった。そのなかにはヘイトスピーチが被害者やその所属する集団、そして社会全体に与える害悪を重視し、その規制を訴える議論もあるが、主に米国での判例を念頭に、表現の自由を重視する立場から規制に消極的・批判的な主張も多い[4]。

一方、ヘイトスピーチをひとつの社会現象として捉えたとき、この明らかに非道徳的で非人道的な行為が、一定の社会的影響力を保

---

1) マイノリティの定義については「はじめに」章末キーワード参照。
2) 板垣竜太「朝鮮学校への嫌がらせ裁判に対する意見書」『評論・社会科学』105号、2013年、149-185ページ。安田浩一『ネットと愛国——在特会の「闇」を追いかけて』講談社、2012年。前田朗『ヘイト・クライム——憎悪犯罪が日本を滅ぼす』三一書房労働組合、2010年。高史明・雨宮有里「在日コリアンに対する古典的／現代的レイシズムについての基礎的検討」『社会心理学研究』28巻2号、2013年、67-76ページ。

持してきた理由を解き明かすことは重要である。社会学の領域における先行研究には、レイシズム*やヘイトスピーチを人々が支持す

---

3) Richard Delgado and Jean Stefancic, *Understanding Words That Wound*. Boulder, Colorado: Westview Press, 2004, pp. 11-12. 桧垣伸次「ヘイト・スピーチ規制と批判的人種理論」『同志社法学』61巻7号、2010年、231-287ページ。長峯信彦「人種差別的ヘイトスピーチ——表現の自由のディレンマ(1)」『早稲田法学』72巻2号、1997年、180ページ。小谷順子「米国における表現の自由とヘイトスピーチ規制—— Virginia v. Black, 123 S. Ct. 1536 (2003) 判決を踏まえた検討」『法政論叢』40巻2号、2004年、149ページ。安西文雄「ヘイト・スピーチ規制と表現の自由」『立教法学』59号、2001年、2ページ。飛田綾子「アメリカの表現の自由の『特殊性』——『ポルノグラフィー』『ヘイト・スピーチ』規制をめぐって」『早稲田政治公法研究』76号、2004年、204ページ。師岡康子「試論 ヘイトスピーチ規制法のマイノリティに対する濫用の危険性と人種差別撤廃条約」『龍谷大学矯正・保護総合センター研究年報』2号、2012年、55-56ページ。

4) 奈須祐治「ヘイト・スピーチ規制法の違憲審査の構造——『害悪アプローチ (harm-based approach)』から」『関西大学法学論集』59巻3・4号、2009年、79-103ページ。奈須祐治「ヘイト・スピーチの害悪と規制の可能性(一)——アメリカの諸学説の検討」『関西大学法学論集』53巻6号、2004年、53-103ページ。奈須祐治「ヘイト・スピーチの害悪と規制の可能性(二・完)——アメリカの諸学説の検討」『関西大学法学論集』54巻2号、2004年、313-366ページ。奈須祐治「ヘイト・スピーチ (hate speech) の規制と表現の自由——『内容中立性原則 (content neutrality principle)』の射程」『関西大学法学論集』50巻6号、2000年、243-281ページ。志田陽子「アメリカ合衆国におけるヘイト・スピーチ規制立法をめぐる議論——『文化戦争』と公権力の責任」『武蔵野美術大学研究紀要』33号、2002年、113-122ページ。師岡康子「イギリスにおける人種主義的ヘイト・スピーチ規制法」『神奈川大学法学研究所研究年報』30号、2012年、19-43ページ。榎透「米国におけるヘイト・スピーチ規制の背景」『専修法学論集』96号、2006年、69-111ページ。小谷順子「合衆国憲法修正一条の表現の自由とヘイトスピーチ」『日本法政学会法政論叢』36巻1号、1999年、160-169ページ。小谷2004年前掲論文。梶原健佑「ヘイト・スピーチと『表現』の境界」『九大法学』94号、2007年、49-115ページ。

る要因の分析や、そうした集団に人々が動員されていく過程の分析を試みたものもある⁵⁾。それに対して今日の日本社会では、レイシズムやヘイトスピーチを「支持」しているとまでは言えない人々、特に若者のあいだで、そうした発言や主張が黙認・許容されてしまう「空気」が広がっていると指摘する論者もいる⁶⁾。この「空気」がもっともわかりやすく表象されているのはインターネットにおける言説であるが、インターネットもまたメディアである以上、そうした言説を形成し、それに影響されながら現実の社会で暮らす人々が存在する。

　この「空気」は、私が日本の大学生に対して多文化主義や多文化共生を教える際に直面しているものでもある。教員として接している若者たちは、受験、恋愛や人間関係、家族関係、就職活動や将来の進路選択など、様々な出来事を日々経験する。その結果、心理的に「傷つきやすい（vulnerable）」状況に置かれる若者も少なくない。マイノリティと社会との関係についてそうした若者と議論すると、自らの「傷つきやすさ（vulnerability）」を強く意識している人ほど、マイノリティの権利の擁護や差別からの保護の主張に対して複雑な反応を示す。それは、同じように「傷つきやすさ」を抱えたマイノリティへの共感という、教師がしばしば期待する反応であるとは限らない。むしろ、同じように「傷つきやすさ」を抱えているのに、なぜマイノリティの人々<u>だけ</u>が保護され、優遇されなければならな

---

5) 樋口直人「極右政党の社会的基盤――支持者像と支持の論理をめぐる先行研究の検討」『アジア太平洋レビュー』10号、2013年、15-28ページ。樋口直人「排外主義運動のミクロ動員過程――なぜ在特会は動員に成功したのか」『アジア太平洋レビュー』9号、2012年、2-16ページ。
6) 安田前掲書、314-365ページ。有田芳生『ヘイトスピーチとたたかう！――日本版排外主義批判』岩波書店、2013年、16-17ページ。

いのか、という違和感・反感であることも少なくない。

そんなとき、「マジョリティであるあなたの『傷つきやすさ』は『たいしたことではなく』、マイノリティの『傷つきやすさ』は『より深刻』なのだ」という「教育的」説得はあまり有効でない。誰にとっても、自分自身の「傷つきやすさ」は自分にとっては「たいしたこと」であり、他人の経験と安易に比較などできないからだ。

この「傷つきやすさ」は、単なる個人的な精神状態の問題ではない。社会学では貧困や差別によって経済社会的に不安定になる状況を「vulnerable」と表現することがある。つまり、ヴァルネラビリティとは社会構造の問題でもある。それゆえヴァルネラブル（不安定）な社会状況に置かれた人々が、ヴァルネラブルな（傷つきやすい）精神状態に追い込まれやすくなるという連関に注目する必要がある。個人の精神状態としての「傷つきやすさ」は、個人的な状況であると同時に、社会的な条件としての「不安定さ」のもとで構築され、人々に内面化されるのである。

それゆえ、もし人々の「傷つきやすさ」がヘイトスピーチを黙認・許容する風潮と関係しているのであれば、それに注目することでレイシズムやヘイトスピーチの社会的影響力の拡大メカニズムを社会構造・社会変動研究の観点から分析できるだろう。そのような問題意識から、本章では社会的構築物としての「傷つきやすさ」が、社会現象としてのレイシズムやヘイトスピーチの影響力の拡大とどのように関連しているかを試論的に考察する。

2．構造化され身体化されるレイシズム

米国においてヘイトスピーチの規制推進を主張する「批判的人種理論」に与する研究者・活動家たちは、歴史的に形成されて遍在するエスニック・マイノリティに対する不公正な社会構造が、日々の

経験を通じてエスニック・マイノリティ個々人に内面化される過程を強調した[7]。こうした視点は、レイシズムやヘイトスピーチを社会学的に把握するものでもある。

批判的人種理論の主張者たちによれば、自らにとって不公正な社会構造のもとで育つことで、エスニック・マイノリティの人々は差別や不平等に対する敏感さをその内面に抱え込みがちになる。言い換えれば、レイシズムはマイノリティに対して「傷つきやすさ」を不公正に過剰配分するように歴史的に形成されてきた社会構造なのであり、そのなかで育ったエスニック・マイノリティの自己と身体は、そうしたレイシズムに対して圧倒的に「傷つきやすい」ものとして構築される。

この「傷つきやすさ」は構造化されたマイノリティ-マジョリティ関係に由来しており、個人の意思や努力では完全に克服できない。レイシズムやヘイトスピーチとはまさに、こうした自己責任に帰すことのできない「傷つきやすさ」に対する攻撃であり、それゆえそれは単なる誹謗中傷よりもいっそう深刻に他者の尊厳を否定する。その標的となったマイノリティは深く傷つけられ、自信を喪失し、ときにはトラウマを抱えることもある[8]。

もちろん、マイノリティと呼びうる立場に置かれていても、自分は差別されたことがない、あるいは差別されても気にしないという人もいる。しかしそのような人々の経験してきた人生にも、歴史的

---

[7] Richard Delgado and Jean Stefancic, *Critical Race Theory: An Introduction.* New York/London: New York University Press, 2012, pp. 3-10. Delgado and Stefancic 2004, *op. cit.*, pp. 32-33.

[8] Delgado and Stefancic 2004, *op. cit.*, pp. 12-15. 前田朗「ヘイト・クライムはなぜ悪質か（二）——心理学的被害」『アジェンダ——未来への課題』2010年冬号、92-98ページ。

に形成されてきた構造としてのマイノリティ‐マジョリティ関係は確実に影響を与えている[9]。

レイシズムやヘイトスピーチはそうした「強い」「慣れている」はずのマイノリティの内面に眠っていた、差別や偏見への「傷つきやすさ」の感覚を強引に揺り起こそうとする[10]。その結果、マイノリティの人々は自らが傷つけられるリスクを避けるために、レイシズムやヘイトスピーチが起こったり起こる可能性がある場所に行くことや、それらを起こしたり許容したりする可能性のある人々と出会うことを避けるようになる[11]。こうして彼・彼女たちの行動の自由や、自分の人生における自己決定の余地が狭められていく[12]。とりわけインターネットに影響されて育った若い世代のマイノリティのアイデンティティやライフコース*の形成に、ネット上に氾濫するヘイトスピーチ言説が大きな影響を与える可能性は高い。

また批判的人種理論によれば、ヘイトスピーチが規制されずに許容されることは、標的になったマイノリティだけではなく社会全体へと害悪を及ぼす。加害者側はそもそも、被害者側と討論したり対話したりするためにヘイトスピーチを発するわけではない。ヘイトスピーチに目的があるとすれば、それは他者の社会的承認の否定、すなわち相手を物理的・社会的に沈黙させ、排除することである。それゆえヘイトスピーチの標的にされた人々が、自分を傷つけるた

---

9) 川端浩平『ジモトを歩く――身近な世界のエスノグラフィ』御茶の水書房、2013年、130-151ページ。
10) 安田前掲書、222-224ページ。
11) 前田朗「ヘイト・クライムはなぜ悪質か(一)――空間的影響と感情的影響」『アジェンダ――未来への課題』2010年秋号、100-109ページ。前田朗「ヘイト・クライムはなぜ悪質か(三)――メッセージ犯罪」『アジェンダ――未来への課題』2011年春号、108-114ページ。
12) Delgado and Stefancic 2004, *op. cit.*, pp. 15-16.

めだけに発せられる言葉に言論をもって対抗することは難しい[13]。その結果、ヘイトスピーチが社会に蔓延すればするほどマイノリティの人々は沈黙させられる。それは、その社会で自由に主張される言論の総量が減少していくことを意味する。

3．「甘え」を言い訳にした共感拒否

このように、社会構造的に不公正配分された「傷つきやすさ」を過剰に身体化させられたマイノリティの人々を、ヘイトスピーチは狙い撃ちにして傷つけようとする。それは歴史的・社会的に構造化された「弱い者いじめ」にほかならず、その非人道性は明白である。だがガッサン・ハージが論じたように、マイノリティへのレイシズムはそれを積極的に行うレイシストだけでなく、自分自身ではレイシズムを行わず、自分は差別などしていないと思っている周囲のより多くの人々によって許容され、ときには暗黙のうちに歓迎すらされる[14]。学校内でのいじめが、いじめっ子たちの周囲の生徒に黙認されることによってエスカレートするように、レイシズムやヘイトスピーチもそれを黙認する社会的土壌があるからこそ存続し、増幅されるのである。では、そのような黙認はなぜ生じるのか。それを理解するためには、「傷つきやすさの遍在性」のもたらす逆説的な効果に注目する必要がある。

社会構造の観点からは、「傷つきやすさ」は確かにマイノリティ

---

[13] Richard Delgado, "Words that Wound: A Tort Action for Racial Insults, Epithets, and Rame Calling," Mari J. Matsuda et al., *Words That Wound: Critical Race Theory, Assaultive Speech, and the First Amendment*. Boulder, Colorado: Westview Press, 1993, pp. 90-96.

[14] ガッサン・ハージ（保苅実・塩原良和訳）『ホワイト・ネイション——ネオ・ナショナリズム批判』平凡社、2003年、343-347ページ。

に対して不公正に過剰配分されている。しかしそれは、マイノリティではなくマジョリティに位置づけられる人々には「傷つきやすさ」がないということではない。むしろ、人間は誰でも何らかの「傷つきやすさ」を抱えているのが常である。かつて哲学者の花崎皋平はこの「傷つきやすさ（受苦可能性）の遍在性」こそが、マイノリティの苦難に対するマジョリティの人々の「共感可能性」の根拠であると論じた。自分自身の「傷つきやすさ」を顧みることで人は他者の「傷つきやすさ」に共感（第1章参照）することができるのだ、と[15]。実際、たとえば多文化共生を目指した教育活動[16]や啓発活動の実践では、マイノリティの置かれた困難や苦しみを強調し、それをマジョリティの人々に「自分のことのように」感じてもらい、共感してもらおうとする試みがしばしばなされる。

　こうした取り組みは確かに必要であるが、大きな矛盾を抱えてもいる。それは今日の日本社会において、人が抱える「傷つきやすさ」は原則としてその人の個人的問題であり、したがって「自己責任」で克服しなければならないという価値規範が大きな影響力を持っているからである。そこではハージが「わたしは強いから、自分の傷つきやすさを他者の目から隠し、他者がその傷つきやすさを利用してわたしをやっつけないようにすることができるのだ」と表現したような、強さのあり方が望ましいとされる[17]。マイノリティとされる人々自身も、このような価値規範を受け入れることで、主

---

15) 花崎皋平『増補　アイデンティティと共生の哲学』平凡社、2001年、352-386ページ。
16) そうした教育の方法論については以下を参照。松尾知明『多文化共生のためのテキストブック』明石書店、2011年。
17) ガッサン・ハージ（塩原良和訳）『希望の分配メカニズム——パラノイア・ナショナリズム批判』御茶の水書房、2008年、106ページ。

流社会に適応しようとすることがある。

　こうした「強さ」のイメージは、他者に自分の「傷つきやすさ」を開示し、共感に訴えようとする主張に対して発せられる「それは甘えだ」という非難としても表現される。今日の日本では、「それは甘えだ」という他者への非難は、他者と関わりあいにならないこと、他者に共感しないことを正当化する免罪符の役割を果たすことが多い。しかし第二次世界大戦後の日本で「日本文化論」の一類型として人口に膾炙(かいしゃ)してきた「甘え」をめぐる議論には、「甘え」を肯定的に捉えるニュアンスが含まれていた＊[18]。「甘え」が他者との相互依存関係のことだとすれば、「上手に甘える」とは他者と共感と信頼に基づく協働の関係を構築することである。他者とこのような関係をうまく構築できる人は、実は「強い」。これはハージが「他者が自分の傷つきやすさを利用するのを恐れることなく、自分の傷つきやすさをさらけだすことができるくらい強い、という強さ」と呼んだ、もうひとつの強さのイメージである[19]。

　しかし、新自由主義が優勢となり自己責任規範の影響力が増大する社会においては、そのような他者への「甘え」はしばしば「弱さ」として表象される。その結果、マイノリティの「傷つきやすさ」を強調してマジョリティの共感を呼び起こそうとする主張がマイノリティを「甘やかす」ものとされ、むしろ「自分の問題を自分で解決することのできない劣った者」という意味での「弱者」として、マイノリティがスティグマ化＊されることを助長してしまう。若者言葉として定着した「情報弱者（『情弱』）」といった言葉のよ

---

18) 青木保『「日本文化論」の変容——戦後日本の文化とアイデンティティー』中央公論社、1990年、98-101ページ。
19) ハージ2008年前掲書、107ページ。

うに、自己責任規範が支配的な言説空間において「弱者」は尊重され力づけられる（empower）べき存在ではなく、軽蔑され無視されるべき存在としても表象される。それゆえレイシズムやヘイトスピーチに反対する側がマイノリティを「弱者」としてのみ表象し、強調することは、かれらへの共感ではなく蔑視や無関心を助長しかねない。

4．勘違いの共感と反動としての反感

　もちろん、自己責任と「甘え」を言い訳にマイノリティの人々との共感を拒否してきた人々も、当事者との出会いの経験や、教育者や活動家の粘り強い教育や啓発によって変わることはある。そんなとき、マジョリティの人々は自らの「傷つきやすさ」を媒介として、マイノリティの「傷つきやすさ」に共感する。花崎はこのような共感が、自らが知らないうちにマイノリティにとっての加害者になっていたのかもしれないという「加害可能性」への気づきをマジョリティ側にもたらすことに、両者の共生への展望を見出した[20]。同様にテッサ・モーリス゠スズキは、自らが受益してきた社会構造によって他者が苦しみを被ってきたという「連累」への気づきが、そのような構造を変革しようとする意思を生み出すことに希望を託した（第1章参照）。私自身もまた、そのような希望を抱きながら日々の研究や教育に従事する者のひとりである。

　しかしマジョリティ側に立つ人々がマイノリティに共感したからといって、それが直ちに自らの加害可能性や連累への自覚をもたらすとは限らない。むしろそのような共感は、マジョリティの人々が自らとマイノリティを過度に同一視し、そもそも社会構造的に異な

20）　花崎前掲書、352-378ページ。

る立場にあるかれらを、あたかも自らと同じ立場に立つものであるかのように錯覚することになりかねない。

「あなたの痛み、私にもわかる」というマジョリティ側からの共感の表明が、マイノリティ側からの「あなたに何がわかるのか」という拒絶にしばしば直面する理由がこれである。そんなとき、マジョリティの人々はマイノリティの人々の「傷つきやすさ」をわかったつもりになっているが、実は他者という鏡に映った自分自身の「傷つきやすさ」を眺めているにすぎない[21]。ようするにそれは、マイノリティの境遇に同情する「善意の」マジョリティが陥りがちな「勘違いの共感」なのである。

先述した批判的人種理論が主張するように、マイノリティの置かれた不公正な状況の是正を目指すためには、そうした不公正がいかにして歴史的に形成され、社会的に構造化されてきたのかに注目する必要がある。それは必然的に、いまを生きるマイノリティが抱える「傷つきやすさ」が、そうした歴史・構造から生じてきた独特の要因を含んでいるがゆえに、マジョリティの人々の「傷つきやすさ」と安易に同一視できるものではないという理解を導く。そしてそうした独特の「傷つきやすさ」を緩和するために、マイノリティが置かれた経済社会的なヴァルネラビリティ（不安定さ）を緩和する措置が、ときには優先的に与えられなければならないということになる。これが、マイノリティへの支援・優遇措置を正当化する論理である。

しかしそうした論理に対して、マイノリティと「勘違いの共感」

---

21) 自己を他者に投影してしまう他者理解のあり方を表す「鏡」というメタファーについては下記を参照。ウマ・ナーラーヤン（塩原良和監訳）『文化を転位させる――アイデンティティ・伝統・第三世界フェミニズム』法政大学出版局、2010年、207-265ページ。

をしているマジョリティは「自分たちもマイノリティと同じように『傷つきやすさ』を抱えているのに、どうしてマイノリティの『傷つきやすさ』だけが特別扱いされ、優先的に保護されなければならないのか」という反感を抱きがちである。マジョリティ自身が抱える「傷つきやすさ」が深刻であればあるほど、「特別扱い」に対する反感も大きい。こうして「マイノリティは『弱者』であることを武器にしている」「教師や役人は、マイノリティを『えこひいき』している」といった主張が受け入れられていく。そこでは「同じように痛みを抱えているからこそ、わかりあえる」のではなく「同じように痛みを抱えている(と勘違いする)からこそ、反感を抱く」関係が生じてしまうのだ。

　グローバリゼーション＊、個人化社会＊22)、リスク社会＊23)などと呼ばれる後期近代の社会変動は、すべての人々の人生を「ヴァルネラブルに(不安定に)」する結果、特定の人々だけではなく社会全体における「傷つきやすさ」の総量を高める。なぜなら、人々の自分自身の人生に対する自己決定可能性が急激な社会変動のために縮小していくにつれて、より多くの人々が自分自身の内面に、自分ではどうすることもできない「傷つきやすさ」を見出すようになるからである。「傷つきやすさ」が飽和している社会においては、マイノリティに対する優遇措置はマジョリティ側の相対的剥奪感＊を強化しがちである24)。こうして自覚的なレイシストではない大多数のマジョリティでさえ、「マイノリティは特権／利権を享受し

---

22) ジグムント・バウマン(澤井敦ほか訳)『個人化社会』青弓社、2008年。
23) ウルリヒ・ベック(東廉・伊藤美登里訳)『危険社会——新しい近代への道』法政大学出版局、1998年。
24) ジョック・ヤング(木下ちがや他訳)『後期近代の眩暈——排除から過剰包摂へ』青土社、2008年、247-279ページ。

ている」「差別されているのはわれわれマジョリティのほうである」という「逆差別」の主張を、実際にはほとんど根拠がないにもかかわらず、心情的に許容してしまう可能性が高まっていく。

5．逆差別について

この「逆差別」という言葉は、米国におけるアファーマティブ・アクション（積極的差別是正措置）＊に対する批判として使われるようになった[25]。それは、差別を是正するためのマイノリティへの優遇措置が行き過ぎて、今度はマジョリティ側が不当に不利益を被っているという主張である。日本では、先述した在日コリアンへのヘイトスピーチを扇動した集団の、「在日コリアンが不当な特権を享受している」という根拠の乏しい主張[26]（「在日特権」）が、逆差別の主張の極端な例である。それ以前から行われている、部落差別に反対する運動体が行政と癒着しているという「同和利権」の主張も同様である。

ただし、こうした極端な主張だけではなく、それを許容してしまう「空気」にも注目する本章では、平凡な日常生活に現れる「逆差別だ」という被害者意識について考えたい。通勤電車の女性専用車両を「男性に対する逆差別」と感じる男性、大学当局のサポートを受ける、障がいを持つ学生を、「恵まれている」と感じる「健常者」の学生、いじめられている子どもや家庭の事情で学力が低い子どもへの教師への配慮を「えこひいき」だと感じる他の生徒や保護者、などがそれにあたる。最近ではそうした風潮に影響されたのか、

---

25) 南川文里『アメリカ多文化社会論──「多からなる一」の系譜と現在』法律文化社、2016年、120-122ページ。
26) 安田前掲書。有田前掲書。

社会的弱者としてのマイノリティが置かれた状況についての具体的な知識や理解がほとんどないのに、「支援」とか「特別措置」という言葉を聞くだけで反射的に「逆差別だ」と反論する学生もいる。

この逆差別の感覚を、少し場合分けしてみたい。まず、マイノリティへの差別是正措置によって、マジョリティである「われわれ」こそが差別されている、という意識のなかでは、社会的公正についての歴史的感覚が歪んでしまっている場合がある。マイノリティへの公的支援や特別措置は、マイノリティが歴史・社会的に背負うことを余儀なくされた不公正な状況を是正するために行われる。つまり、それは「特権の付与」ではなく「本来あるべきであったが、歴史的経緯により失われてしまった公正な権利・状態の回復」を目指している。社会的公正とは何かという哲学的問いには深く立ち入らないが、さしあたり私たちの社会でもっともコンセンサスがとりやすい「機会の平等」について考えれば、マイノリティの社会参加への機会の平等を確保するためには不公正な社会構造を是正しなければならないことは明白である。そのための方法として、一定程度の「結果の平等」を保障することで、世代を超えた格差の固定化・再生産を防がなければならない。これが先進諸国で行われてきたアファーマティブ・アクションの、正当化の根拠である。だが、そのような歴史的経緯への想像力がないマジョリティの人々には、目の前で行われているマイノリティへの特別措置が、自分たちに不利益をもたらす不公正なものに見えてしまう。

こうして、マイノリティによって不公正にも侵害されている、マジョリティが本来持つべき権益を「取り戻す」ことが、多くの先進諸国での排外主義運動の動機となる。この排外主義の論理を支持するマジョリティにとっては自分たちこそが被害者なのだから、マイノリティの存在に対して寛容になる必要も、共生を模索する必要も

ない。それどころか、あからさまなレイシズムや暴力ですら「不公正をただす」という名目で正当化される。だが実際には、不公正な関係が是正されない状態でマジョリティの人々が得てきた利益のほうこそ、不公正に享受されてきた「既得権益」にすぎない。

　このような歴史・社会的背景を理解し、マイノリティに対して機会の平等を保障するために、一定程度の特別措置が必要であると同意する人でも、アファーマティブ・アクションが「行き過ぎている」と感じる場合がある。この感覚は、自分たちの権利が侵害されているという強い反感なしでも抱かれうる。それは差別是正措置が公正の原理に適っているかどうかではなく、制度として適切に機能しているかという疑問であり、実際にそれが「行き過ぎ」になることは起こりうる。かつて社会的公正を実現するために導入され効果的だった制度が年月を経て硬直化し、実態に見合わないものになっているかもしれないからだ。それゆえマイノリティに対する差別是正措置は絶えず再評価され、修正され続けなければならない。

　ただしその際、マイノリティへの特別措置が「行き過ぎている」かどうかを決める権利が誰にあると想定されているのかに注意が必要である。多くの場合、その権利があるのはマジョリティの人々であることが、暗黙の了解となっている。しかし、なぜマイノリティがその決定に参加できないのか。ある人々が社会的に公正に扱われるための施策が適切かどうかの決定に、その施策が適用されている当事者が主体的に参加できないのはデモクラシーの原理に反する。マイノリティ・マジョリティを問わずあらゆる当事者や利害関係者のあいだで、どのような状態が公正であり、そのためにどのような措置が必要なのかについての合意を得る熟議が十分にされないのは、デモクラシーが十分に機能していない状態なのである。それゆえ、そうした熟議を可能にする要素を、アファーマティブ・アクション

の制度にあらかじめ組み込んでおく必要がある。これは熟議民主主義＊の場にマイノリティがいかにして対等に参加できるかという、困難ではあるが避けて通れない課題でもある。

6．ヘイトスピーチへの法規制と「出会い直し」

ヘイトスピーチを直接的に規制する法を制定することの是非については、言論の自由の保障という観点から慎重な意見もある。たとえば米国における一部のヘイトスピーチ規制反対論は、ヘイトスピーチの規制は社会における言論の自由の発展を阻害するので、それは結果的にはマイノリティ自身の利益にも反すると主張する[27]。しかし社会学的な観点からは、日本ではエスニック・マイノリティの社会的承認・包摂がいまだに進んでいないことが議論の前提とされるべきである。そもそもエスニック・マイノリティの存在自体が十分に知られていなかったり、かれらが自分のアイデンティティを表明したまま対等で自由な言論をたたかわせることができる状況が確立していない日本において、レイシズムやヘイトスピーチをまったく規制しないことはエスニック・マイノリティの言論の自由を奪い、その社会的承認・包摂にとって深刻な障害となりうる[28]。先述の逆差別の主張と同様、マイノリティが現に置かれている不公正な状況の是正がまず行われない限り、マジョリティの人々が享受し

---

27) 飛田前掲論文、榎前掲論文、奈須2000年前掲論文。
28) 前田朗「ヘイト・クライム法研究の課題（二）」『法と民主主義』449号、2010年、55-61ページ。前田朗「ヘイト・クライムはなぜ悪質か（四）——被害と被害者支援」『アジェンダ——未来への課題』2011年夏号、96-103ページ。前田朗「ヘイト・クライムはなぜ悪質か（五）——人権侵害としてのヘイトクライム」『アジェンダ——未来への課題』2011年秋号、96-105ページ。有田前掲書、131-156ページ。

ている言論の自由とは、マイノリティの人々の言論の自由を奪ったうえで成立している既得権益にすぎなくなってしまうという認識から出発しなければならない。

　日本でも遅ればせながらヘイトスピーチ規制の機運が高まり、2016年5月に国会でヘイトスピーチ解消法＊が成立した。ただしこの法律は与野党間の交渉と妥協の結果、いくつかの不完全な点を抱えている。こうした不十分な点については、今後も改善されていくことが必要である。それでも、ヘイトスピーチ解消法の成立は在日コリアンをはじめとするマイノリティが不当に尊厳や自由を奪われた状況を是正し、マジョリティ日本人との新たな関係性を構築する第一歩になりうる[29]。

　在日コリアンをはじめとする外国人住民が集住している川崎市川崎区桜本地区で、様々なエスニシティ、国籍、階層、年齢、障がいを持つ人々が「共に生きる」地域社会づくりの活動を続けてきたのが社会福祉法人青丘社である[30]。その桜本地区と青丘社はここ数年、在日コリアンなどの排斥を叫ぶヘイトスピーチ集団の標的となっていた。2015年11月には、それまでやや離れた川崎駅前で行われていたヘイトデモが、初めて桜本地区近隣で実施された。静かな住宅地に、ヘイトの罵声とカウンターの人々の怒声がこだましました。

　一方、超党派の国会議員たちが桜本地区を視察し、住民の訴えに耳を傾けたことは、ヘイトスピーチ解消法の成立を後押しした[31]。川崎市や裁判所もヘイトデモを許容しない姿勢を遅まきながら鮮明

29）　塩原良和・稲津秀樹編著『社会的分断を越境する――他者と出会いなおす想像力』青弓社、2017年、18-22ページ。
30）　青丘社については以下を参照。http://www.seikyu-sha.com/
31）　神奈川新聞『時代の正体』取材班編『ヘイトデモをとめた街――川崎・桜本の人びと』現代思潮新社、2016年、103-120ページ。

にし、ヘイトスピーチ集団を次第に追い詰めていった。

青丘社の職員である在日コリアン3世の崔江以子（チェ・カンイヂャ）さんは、ヘイトスピーチから桜本を守る運動を担った[32]。川崎駅前でのヘイトデモで「朝鮮人は死ね」という罵声を浴びせられた彼女は、「怖くて逃げることしか、沈黙することしかできずにいました」。やがてヘイトデモが桜本に到来するに及んで、そこに住む子どもや高齢者たちを守りたい想いで街頭に立った崔さんは、再び浴びせられたヘイトに「心が殺されました」と言う。それでも彼女は地域を守るために、ヘイトの矢面に家族とともに立ち続けた。

ヘイトスピーチ解消法成立直後の2016年6月にも、ヘイト集団は再度、デモの実施を試みた。しかしデモを阻止するために押し寄せたカウンター集団や市民が包囲し、警察の判断もありヘイトデモは中止に追い込まれた。その混乱のさなか、崔さんはヘイトスピーチ集団の主導者である津崎尚道氏に、一通の手紙を手渡した。

津崎尚道様
　ようやくこうして、津崎さんあなたに向かい合うことができます。もっと早くできればよかったのですが、あなたが私たちに向けて言った「一人残らず出ていくまでじわじわと真綿で首を絞めてやるからな」の言葉が心から離れずに、その恐怖であなたに向かい合うことができずにいました。
　……私たちの街川崎桜本は、多様な人々が互いの違いを尊重し合い暮らす共生の街です。そこへ「朝鮮人出ていけ」と主張するあなた方が来るならば、私たちは見すごすわけにはいかない。きちんと抗わなければならない。子どもたちやハルモニ方を守らなければとの想いで路上に立ちました。私の子どもは「大人なんだから説明したら分かっ

---

[32] 同上書、152-155ページ。

てくれる。差別をやめて共に生きてくれるはずだ」という想いで共に路上に立ちました。

　残念ながら、私たちの想いはあなた方には届かず、一月三一日に再びあなた方は、桜本へ向かってきました。

　……〔五月〕二四日にはヘイトスピーチ解消法が成立します。法によって差別から守ってもらえることについて私は心強く思っています。

　……津崎さん。私は、できなくなってやれないのではなく、あなた方の良心でもって、あのヘイトデモをやめてほしかったですし、今でもそう願っています。

　津崎さん、私たちの出会いは悲しい出会いでした。

　津崎さん、私たち出会い直しませんか。加害、被害の関係から、今この時を共に生きる一人の人間同士として出会い直しませんか。

　加害、被害のステージから共に降りませんか。

　……私たちの暮らすこの地域社会が、誰にとっても暮らしやすい、優しい社会になるように役割を果たしたい。ただそれだけの想いで「差別をやめて共に生きよう」と発信しています。

　……津崎さん。その思いをどうか受け取ってください。

　そして、私たち出会い直しましょう。

　あなたがあなたらしく、私が私らしく生きられる、そんな地域社会を私は諦めていません。

　津崎さん、あなたのこの地域社会をよりよくしたい想いをお手伝いさせてください。差別がなく、誰もが力いっぱい生きられる地域社会で私たちと共に生きてください。

　どうか私たちのこの想いを受け取ってください。

　津崎さん。共に幸せに。

　あなたと、あなたの家族の安寧な生活を、幸せな生活を心から祈っています[33]。

---

33)　同上。

ヘイトスピーチ解消法は、在日コリアンを始めとするエスニック・マイノリティに対して、ヘイトスピーチという差別によって失われた公正な社会参加を回復する、不十分ではあっても重要な第一歩である。その先に展望されなければならないのは、マイノリティとマジョリティ、被害者と加害者という社会的に規定された関係性から脱却し、対等な個人同士として「出会い直す」ことである。それが生み出す対話が、様々な人々が「共に生きる」社会を創造する可能性について、次章で考察してみたい。

キーワード

ヘイトスピーチ／ヘイトクライム（hate speech/hate crime）
　ヘイトスピーチの一般的な定義は157ページで述べたとおりである。2016年5月には、日本の国会で通称「ヘイトスピーチ解消法」が可決され、6月に公布・施行された（173ページ参照）。なおヘイトクライムは、人種・民族・国籍などの違いによる差別的動機によって行われる犯罪行為全般を指す。

レイシズム（racism）
　人間の差異や優劣は「人種」に基づくという考えに由来する、近代における差別的思想や行為。人種主義。人種による優劣を科学的に証明しようとする科学的レイシズムは第二次世界大戦後に否定されたが、文化を本質的属性と見なす文化的レイシズムや、ナショナリズムやコロニアリズムと結びつくかたちで、差異を持った人々を排除しようとする新人種主義、あるいは、過去におけるレイシズムの遺産としての不公正の温存など、様々なかたちでレイシズムは現在においても継続している。

批判的人種理論（critical race theory）
　→本文160ページ参照。

アイデンティティ／ライフコース (identity/life course)
→第3章キーワード参照。

「甘え」
土居健郎はこの言葉を、日本人の精神構造および日本の社会構造を理解するための鍵概念として提示した。日本人の心理の根底にあるとされる他者依存体質を表現した概念だが、文化ナショナリズムとしての日本人論・日本特殊性論の影響を受けていることに注意が必要である（『「甘え」の構造』弘文堂、1971年）。

スティグマ (stigma)
→第1章キーワード参照。

グローバリゼーション (globalization)
→第2章キーワード参照。

個人化社会 (individualized society)
近代化の進行とともに、個人が階級、地域社会、家族といった中間集団から切り離され、孤立した個人が人生における選択やリスクへの対処を自己責任によって行わなければならない状況が増大することをいう。

リスク社会 (risk society)
→第6章キーワード参照。

相対的剥奪 (relative deprivation)
→第3章57-58ページ参照。

逆差別（reverse discrimination）
　→本文 169 ページ参照。

アファーマティブ・アクション（affirmative action）
　民族・人種・宗教・出自・性別・障がい・性的志向などに基づく社会集団が歴史的に被ってきた差別や不平等の構造を是正し、社会における実質的な機会の平等を達成するために、こうした集団を優遇する措置。

熟議（討議）民主主義（deliberative democracy）
　多数決ですべてを決めるのではなく、異なる意見を持つ人々のあいだの対話を通じて、それぞれの私的利害を離れた合理的な意見の一致を見出していくことを目指す民主主義のあり方。

ヘイトスピーチ解消法（「本邦外出身者に対する不当な差別的言動の解消に向けた取組の推進に関する法律」）
　「本邦外出身者」（本人およびその子孫を含む）に対する「不当な差別的言動」（いわゆるヘイトスピーチ）を、あってはならず、許されないこととし、その解消に向けた取り組みを「基本理念」として国民の努力義務を定め、国と地方団体の責務を明らかにした、基本的施策を定めた理念法。2016 年 5 月 24 日に国会で成立し、6 月 3 日に施行された。前文および本文（7 条）、附則（2 条）からなる。また同法の可決の際、衆参両院で付帯決議が可決された。同法は、主に在日コリアンへのヘイトスピーチの解消に向けた、日本初の反人種差別法としての意義を持つ。しかし、その保護対象が日本に「適法に居住する」外国人およびその子孫に限定され、アイヌ民族や被差別部落出身者、非正規滞在外国人などが含まれないこと、違反した場合の罰則がないことなど、いくつかの課題も指摘されている。なお衆参両院の付帯決議においては、「本邦外出身者に対す

る不当な差別的言動」以外のものであれば、いかなる差別的言動であっても許されるとの理解は誤りであるという規定が明記されている（外国人人権法連絡会編著『Q＆A　ヘイトスピーチ解消法』現代人文社、2016年）。

―文献案内―

○ガッサン・ハージ（保苅実・塩原良和訳）『ホワイト・ネイション――ネオ・ナショナリズム批判』平凡社、2003年

　寛容や共生の理想として称賛されがちな多文化主義が、マイノリティの文化的差異をマジョリティの優越性の幻想のもとに管理する統治の技術でもあることを、オーストラリアを題材に描き出した著作。1998年に原著が刊行されたが、批判的多文化主義論あるいはオーストラリア社会論としての重要性を保っている。2010年代の日本における「多文化共生」のあり方を考察する際にも大きな示唆を与えてくれる。

○樋口直人『日本型排外主義――在特会・外国人参政権・東アジア地政学』名古屋大学出版会、2014年

　堅実な実証調査をもとに、ヘイトスピーチに代表される現代日本の排外主義運動を社会運動研究の観点から分析しつつ、それを「東アジア地政学」というキーワードで戦後日本政治の時空のなかに位置づけようとする試み。

○塩原良和・稲津秀樹編著『社会的分断を越境する――他者と出会いなおす想像力』青弓社、2017年

　本書とほぼ同時期に構想・編纂され、問題意識を共有している論集。日本や欧州諸国の事例の綿密な学際的検討を通じて、現代の社会的分断を乗り越えるための想像力の重要性を問題提起し、それを社会的に高めていく可能性を模索する。

第10章 共生と対話

1．ある場所で出会うこととしての共生／共棲

　第3章で述べたように、グローバリゼーションという社会変動は国境を越えた物理的・象徴的（社会階層あるいはライフコースにおける）移動可能性（モビリティ）の増大を伴う。物理的にせよ象徴的にせよ移動するということは、移動した先で新たな他者と出会うことでもある。あるいは自分自身が移動しなくても、移動してきた他者と出会うこともある。したがってモビリティが増大する社会では、そのようにして出会った人々がその場所でどのように折り合いをつけていくのかという「共生」が重要な課題となる。

　井上達夫らはこの共生という日本語を、「コンヴィヴィアリティ（conviviality）」の訳語として再定義した。それは異質な他者に対して不寛容な同質化社会である日本が目指すべき「生の形式を異にする人々が、自由な活動と参加の機会を相互に承認し、相互の関係を積極的に築きあげてゆけるような社会的結合」という理念であった[1]。ポール・ギルロイも、多文化的な状況で人々が共に生きていく際の相互作用をコンヴィヴィアリティと表現した[2]。またジュディス・バトラーは同様の問題意識から、「共棲（cohabitation）」という理念を提案した。彼女によれば、「地上で暮らす人々の多種多様なありようこそが、社会政治生活のくつがえしえない存立条件」で

---

1) 井上達夫ほか『共生への冒険』毎日新聞社、1992年、8-35ページ。
2) Paul Gilroy, *Postcolonial Melancholia*. New York: Columbia University Press, 2005.

あり「われわれが地上で共棲する相手は、選ぶ前から決まっている」。それゆえ「われわれには、自分で選んだこともなければ、お互いに社会的な帰属意識も感じてもいない人々と共棲するだけではなく、そうした人々の生を」、またかれらがその一部をなす多元性を守る義務が」ある[3]。

共生／共棲は、他者とひとつの場所を共有するという経験を伴っている。それゆえ人々の共生／共棲のあり方を理解するためには、具体的な場所との結びつきに即して考えなければならない。デヴィッド・ハーヴェイが指摘するように、他者へのまなざしは貧弱で陳腐な地理学的知識や見解によって制約され歪曲されてきた[4]。それを防ぐためには想像力が必要だと、ドリーン・マッシーは示唆する。それは、ある場所を人間同士、あるいは人間とそうではないものが必然的な理由もなく「ともに投げ込まれている（throwntogetherness）」状況で行われる交渉によって生成され、それに対する応答責任を私たちに迫る出来事として眺める想像力である[5]。

2．統合と管理の論理

ある場所で出会った他者からの呼びかけに、どのように応答するのか。そのひとつの有力な回答とされてきたのが、国民国家へのナショナルな想像力を多民族・多文化的なものとして再構築しようと

---

3) エドゥアルド・メンディエッタ、ジョナサン・ヴァンアントワーペン編（箱田徹・金城美幸訳）『公共圏に挑戦する宗教――ポスト世俗化時代における共棲のために』岩波書店、2014年、93-94ページ。
4) デヴィッド・ハーヴェイ（大屋定晴ほか訳）『コスモポリタニズム――自由と変革の地理学』作品社、2013年。
5) ドリーン・マッシー（森正人・伊澤高志訳）『空間のために』月曜社、2014年、267-269ページ。

する多文化主義であった。多文化主義は、1960-70年代の先進諸国におけるエスニック・マイノリティの異議申し立て運動を通じて発展してきた。それゆえいわゆるアイデンティティ・ポリティクスと同一視され、社会を異なる民族・文化集団に分裂させてしまうと非難されることもあった。しかしウィル・キムリッカも主張するように、多くの場合、エスニック・マイノリティの異議申し立ては主流社会を分裂させることを意図しておらず、むしろ主流社会への公正な参加を要求する[6]。自由民主主義を名乗る政府であれば、そのような要求を全面的に拒絶することはできない。人権概念や文化相対主義の世界的な浸透により、ある個人の尊厳を保障するためにはその個人が内面化する文化を承認することが欠かせないという主張に説得力があるからである。こうして多文化主義的な理念や内容を一定程度含んだ政策が、多くの国家で採用されることになる。

マイノリティへの権利保障の観点だけではなく、「国益」によっても多文化主義は正当化される。グローバルな移動交通手段の発展や国家間の経済的相互依存の浸透を背景に、国内労働市場における移住労働力へのニーズが高まったり、文化や価値観の多様性が経済や社会にもたらす創造性や活力が注目されることで、差異を承認し奨励する公共政策が要請されるようになるからだ[7]。

こうして1970年代以降、「権利」の承認と「国益」の推進というふたつの観点から、多文化主義の要素を含む公共政策とそれを正当

---

[6] ウィル・キムリッカ（岡崎晴輝ほか監訳）『土着語の政治——ナショナリズム・多文化主義・シティズンシップ』法政大学出版局、2012年、23-54ページ。
[7] 塩原良和「制度化されたナショナリズム——オーストラリア多文化主義の新自由主義的転回」山崎望編『奇妙なナショナリズムの時代——排外主義に抗して』岩波書店、2015年、165-195ページ。

化する言説(「公定多文化主義」)が自由民主主義諸国を中心に導入されていった。総括的に言えば、それは福祉国家的政策の一環としてエスニック・マイノリティの文化・社会的包摂を推進し、社会的不平等や偏見・差別の是正、教育や雇用の機会均等への配慮、エスニック・マイノリティの言語や文化の保障と公用語教育の機会提供などの諸政策を展開する「福祉多文化主義」であった。オーストラリアやカナダのように多文化主義政策の整備を進めた国家では、この福祉多文化主義としての公定多文化主義の性格が顕著であった[8]。日本の行政が1990年代以降進めてきた「多文化共生」への取り組みも、そのひとつの例である。

公定多文化主義が多くの国家で採用されるのと並行して、文化的差異の承認のあり方をめぐる政治哲学的論争も1980年代頃から活発化した。その結果、エスニック・マイノリティの文化的差異を自由民主主義の価値や制度と両立可能である限りにおいて承認する「リベラルな多文化主義」と呼ばれる理念が主流の見解となった[9]。そのような発想に立てば、「多様性」と「統一」のバランスをとることで社会統合を達成・維持するのが、公定多文化主義の課題ということになる。

こうした社会統合への理論・政策的志向は、批判の対象にもなった。公定多文化主義が社会統合政策を行う際、エスニック・マイノリティの文化・民族集団相互の境界を所与で不変のものとして固定化してしまう(文化本質主義)*ため、諸集団内の個人間に存在する差異を隠蔽・抑圧してしまいかねないからである[10]。さらに公

---

[8] 多文化主義と呼称される政策を公式に採用していない自由民主主義国家でも、こうした文化的多様性の承認・活用のための政策をある程度実施している。本章で言う「公定多文化主義」は、こうした場合も含めている。

[9] キムリッカ前掲書。

定多文化主義がマジョリティ国民の社会・文化的優越性（マジョリティ性）を暗黙の前提としていることも批判された。たとえ「リベラル」だとしても、マジョリティ国民やその世論を代弁する行政がエスニック・マイノリティの文化的差異を管理可能な範囲に留めておくためのツールとしての側面が、公定多文化主義にあることは否定できない[11]。多様性と統一の「バランスをとる」主体となれるのは、あくまでもマジョリティ国民であるとされている。

3．選別と分断の論理

1980年代後半以降、経済のグローバリゼーションの急速な進展と新自由主義の台頭とともに、各国の出入国管理政策の重点は「高度人材」移民の選別的導入による経済競争力の強化に移行していった。その結果、富裕層・上層ミドルクラスの高度人材移民にとって魅力的で快適な労働・生活環境を創出し、かれらの持つ多様性をビジネスにおける創造性や生産性に結びつけることが、公定多文化主義の重要な目標となっていく。こうして多様性に対して寛容で業績主義的なビジネス文化、コスモポリタンなライフスタイルを可能にする都市環境、グローバル化されたミドルクラス消費文化の浸透などを奨励する「ミドルクラス多文化主義」が台頭する[12]。それは、国内経済や労働市場のニーズに貢献するのであれば民族・文化的差

---

10) 馬渕仁『「異文化理解」のディスコース──文化本質主義の落とし穴』京都大学学術出版会、2002年。
11) ガッサン・ハージ（保苅実・塩原良和訳）『ホワイト・ネイション──ネオ・ナショナリズム批判』平凡社、2003年。
12) 塩原良和「グローバル・マルチカルチュラル・ミドルクラスと分断されるシティズンシップ」駒井洋監修／五十嵐泰正・明石純一編著『「グローバル人材」をめぐる政策と現実』明石書店、2015年、222-237ページ。

異を有したエスニック・マイノリティを積極的に受け入れる、という意味での多文化主義であり、その目的に特化したかたちでエスニック・マイノリティへの公的支援を効率化・民営化する傾向をしばしば伴う。その結果、従来のリベラルな福祉多文化主義が重視してきた下層・労働者階級エスニック・マイノリティの社会的包摂を目指す公的支援は「改革」の対象とされ、そうした人々は排除・放置されるようになる。すなわち現代先進諸国の公定多文化主義は、グローバリズムに対応した結果としての「選別と排除の論理」である「ネオリベラル多文化主義」へと変質しつつある。

この変質した公定多文化主義は、現代先進諸国で喫緊の問題となっている、社会階層や民族・宗教による分断や対立を架橋する処方箋にはなりえない。ネオリベラル多文化主義によって排除・放置される下層エスニック・マイノリティは、テロや治安悪化の元凶として危険視もされる。まさにそのように社会から排除されることで強い相対的剝奪感やアイデンティティの葛藤を抱かされ、深い憎悪と絶望から実際に犯罪に走ったり「ホームグロウン」「一匹狼」テロリストになる人々が出現する（第3章参照）。この予言の自己成就のプロセスに、ネオリベラル多文化主義は加担してしまうのだ。

同じく深刻なのは、マジョリティ国民の下層エスニック・マイノリティに対する想像力が衰退していくことである（第1章参照）。ネオリベラル多文化主義は依然として「国益」によって正当化されているが、そこで想定される「国益」は、「すべての国民（市民）の利益」という意味ではもはやなく、グローバル市場で活躍する一部の企業や人材にとってのメリットという意味にまで縮減されている[13]。そうした「国益」とは無縁のマジョリティ国民は、ネオリベラル／ミドルクラス多文化主義によって導入・歓待される資本や人材のために自分たちの仕事や生活が脅かされるという不安や不満

をむしろ強める。なぜなら、ハージの言う「統治的帰属」、すなわち「われわれはわれわれ自身の国家がどのようにあるべきかを決めることができる主体である」という感覚が揺るがされるからだ[14]。その結果、マジョリティ国民のあいだに、高度人材移民の国境を越えた移動のフレキシブル化に対する反動が起こる可能性が生まれる。しかしそれはグローバル資本主義の発展のためには必要な要素であり、そうした反動を防ぐために、ネオリベラル多文化主義を推進しようとする政府は非正規滞在者や下層移民、庇護希望者といった「望まれない」エスニック・マイノリティをスケープゴートとして排除したり放置したりする。それによってマジョリティ国民の不安や不満を排外主義や福祉ショーヴィニズムに転嫁することで、マジョリティ国民の主体性を損なうような政策を行う政府がそのマジョリティ国民からの支持を保つというトリックが遂行される（第8章参照）。こうして共生／共棲に向けた他者への応答であったはずの多文化主義は、他者との共生／共棲を拒絶する態度をマジョリティ国民に広めてしまう。

　不安や不満を抱いたマジョリティ国民によるマイノリティへの排外主義や差別、ヘイトスピーチやヘイトクライムが蔓延する社会は、それによって排除され絶望した人々による暴力が頻発する社会でもある。そしてそうした暴力の連鎖が国境を越えて容易につながってしまうのが、グローバル化という時代のひとつの側面である。仮に警察力や軍事力によってグローバルな犯罪ネットワークを封じ込め、国内の「内なる敵」になりうるとされたエスニック・マイノリティ

---

13) それを覆い隠すために、政府や企業は「トリクルダウン」という、あやふやな仮説に依拠することになる（第8章参照）。
14) ハージ前掲書。

の権利と自由を大幅に制限して安全と安心を確保しようとしても、インターネットを介して伝播する過激思想に影響された「一匹狼」が、排除され絶望した人々のなかから現れることまでは防げない。そして「一部の」マイノリティの権利と自由の制限は、自由民主主義体制にとっての腐った林檎である。中東出身者から国内で生まれた２世へ、あご髭の男性からヘジャブやブルカをまとった女性へ、重国籍者から国際結婚家庭やその子どもへ……。マジョリティ国民に不満や不安が蔓延している社会では、権利や自由を制限されるべき「かれら」は次から次へと見出され、「われわれ」から他者化されていく[15]。

　軍事力や警察力は、起こってしまったテロリズムの暴力に対処することはできても、それを未然に防ぐことには限界がある。それらは、発病した後に投与される副作用の強い薬や外科手術のようなものだ。病気を治すためには必要なのかもしれないが、発病する前からそのようなことをしたら、基礎体力を弱めてしまう（＝社会における自由や民主主義、人権が損なわれる）。また、強い薬や手術で病気を治せたとしても、それだけでは、再発を防ぐことはできない。

　グローバル時代のテロリズムに対処するためには、国境管理の有効化や警察力・軍事力による対応だけではなく、過激主義の思想や価値化が国境を越えて侵入したとき、それに抵抗できるだけの基礎体力や免疫力を、その社会が保っていることが不可欠だ。それは具体的には社会的包摂の推進、すなわち社会的排除＊の状態にある人々をなるべく少なくしていくことである。貧困がテロの温床であ

---

15) そうした他者化はもちろん、文化や民族に基づくものには留まらない。障がい者、貧困層、高齢者、子どもがいない女性などへの排除の動きも、その延長線上にある。

ることはたびたび指摘されているが、社会的排除とは単に貧困だけではなく、孤立やアイデンティティの危機などの状態も含む。それゆえ社会の「基礎体力を保つこと」は反貧困や格差是正の取り組みだけではなく、社会とのつながりや居場所の確保、傷つきやすい立場に立つ人々への差別の解消と強い承認と連帯の表明、人々の将来展望に希望をもたらす努力などによって、培われていく。

そのために重要なのが、他者への想像力を社会全体として高めていくことなのである。社会的に排除されている人々、過激主義や暴力に走ってしまった人々を他者としてオリエンタリズム（第7章参照）で切り捨てるのではなく、かれらがなぜそのような行為に及んだのかを想像することから、この社会のどこに問題があったのかを診断する。それにより、同じような暴力が再発する可能性を小さくしていく。それゆえこうした他者への想像力を制約し、必要な社会政策の実施を阻んでいる新自由主義的な自己責任論の行き過ぎにも、歯止めをかけなければならない。

重要なのは、こうした適切な承認と社会的包摂の取り組みから取り残される人が、ひとりでもいてはならない、ということである。これは明らかに実現困難であるが、それでも、目指さなければならない極めて切実な課題である。誰かひとりでも取り残されてしまえば、そこから、暴力の萌芽は確実に育ってしまうからである。

本書を執筆していた2016年7月、神奈川県相模原市の知的障がい者入所施設で、同施設の元職員が障がい者19人を殺害する、極めて深刻なヘイトクライム事件が起きた。社会的に孤立した状態にあった人物が、ナチスなどの優生思想に影響されて大量殺人者と化し、まさに自らの地元の施設を襲撃する過程は、「ホームグロウン」「一匹狼」のイメージをどうしても想起してしまう。

繰り返すが、彼のような人物をひとりも出さない社会にするとい

うことは、政策課題として極めて実現困難である。だが、たとえば戦争をなくすという目標が極めて実現困難だとしても、その目標を放棄するわけにはいかない。同様に、社会的包摂という基礎体力を保ち、他者への想像力というワクチンを適切に投与することで、たとえ根絶はできなかったとしても、暴力の爆発を抑制していかなければならない。自由民主主義社会の体力を劇的にすり減らす軍事力や警察力を行使しなければならない状況が多発するのであればなおさら、私たちの社会の自由や権利を形骸化させないためにも、想像力を伴った思考が求められている。

4.「聴くこと」から始まる対話

このような社会的要請に多文化主義が回答しうるかどうかは、ネオリベラル／ミドルクラス多文化主義への批判を通じて、差異を包摂する理念・政策としての多文化主義を再構築できるかどうかにかかっている。それに加えて、リベラルな福祉多文化主義が含んでいた、マジョリティ国民によるマイノリティの差異の管理という側面を是正する必要がある。国境を越えて激しくゆきかう移住労働者に国民国家が依存を深めている以上、そうした人々を管理することには限界があり、この「管理しきれない」という認識自体が主流派国民の不安や不満を増幅してしまうからだ。それゆえ社会的包摂のための諸政策に加えて、異なる文化や価値観を持ち、異なる階層に位置する人々の相互理解と交渉、すなわち「対話 (dialogue)」のメカニズムを多文化主義に組み込んでいくことが、理論的・政策的・実践的課題となる。

たとえばオーストラリアでは「日常的多文化主義 (everyday multiculturalism)」[16] という概念が注目され、制度的に規定された宗教指導者間の対話からストリートにおける若者同士の交流に至る

まで、様々な対話の可能性が検討されている。一方、カナダやヨーロッパなどでは、多文化主義よりもさらに対話と相互理解の要素を強調した「インターカルチュラリズム（interculturalism）」が強調されている[17]。

近年の日本社会でも、対話は多文化共生を推進するためのキーワードとして強調される。たとえば平田オリザは、異質な人々が混住する多文化共生社会において他者との同質性を前提とせず、完全にはわかりあえないこと（共約不可能性）＊を前提としたコミュニケーションの技法としての対話を発展させる必要性を主張した[18]。これは、歴史学者の保苅実が提唱した「ギャップ越しのコミュニケーション」と同様の考えである[19]。私も、こうした主張に同意する[20]。

そのうえで、コミュニケーションとしての対話の場面では自ら率先して「話しかける」重要性のみが強調されがちであることに留意したい。他者と対話するために自ら話しかけなければならないとしたら、それができる教育的準備、精神的・物理的余裕がない人々（それは結局、社会的に排除され経済的に裕福ではない人々に集中する）は、対話的関係に参加できない。それゆえ、格差が広がっていると

---

16) Anita Harris, *Young People and Everyday Multiculturalism*. New York: Routledge, 2013.
17) Ted Cantle, *Interculturalism: The New Era of Cohesion and Diversity*. New York: Palgrave Macmillan, 2012.
18) 平田オリザ『わかりあえないことから――コミュニケーション能力とは何か』講談社、2012年。
19) 保苅実『ラディカル・オーラル・ヒストリー――オーストラリア先住民アボリジニの歴史実践』御茶の水書房、2004年。
20) 塩原良和『共に生きる――多民族・多文化社会における対話』弘文堂、2012年。

される社会において対話をエリートの独占物にしないために、概念の修正が必要であろう。

多文化社会における他者への想像力の涵養の方法として「聴くこと」を強調するレス・バックの議論は、そのための示唆を与えてくれる[21]。コミュニケーションの実践には話すことだけではなく、相手の声に耳を傾けることが含まれる。それゆえ、そのときに必要なのは自分の声を増幅し、なるべく遠くに伝える「拡声器」と、ギャップ（崖）の向こう側にいる他者の微かな声を聴き取るための「集音器」である。どちらか一方だけでは、ギャップ（共約不可能性）を挟んだコール＆レスポンスとしての対話は成立しない。高性能の拡声器（＝プレゼンテーションや演説、討論の能力）を持っている人でも、大声を張り上げると同時に他者の微かな声を聴くことはできない。むしろ相手の声が聴こえてくるまで、静かに耳を傾け続けなければ対話は始まらない。

また「聴くこと」は「聴いたふりをすること」、つまり自説を正当化したり確認したりすることだけを目的として相手の主張を傾聴することとは異なる[22]。聴いたふりをしないということは、自分自身の意見や態度が変わる可能性を受け入れたうえで他者の声を聴くということである。多文化社会における共生／共棲に向けた対話は他者との相互作用による相互変容への意思を含んだものでなければならず[23]、他者の声を「聴くこと」はそうした対話の根幹となる実践なのである。第6章で触れた、「サバルタン」的立場にいる人々のような、声を発しにくい状況にある人々の声を聴き、対話す

---

21) レス・バック（有元健訳）『耳を傾ける技術』せりか書房、2014年。
22) ウマ・ナーラーヤン（塩原良和監訳）『文化を転位させる——アイデンティティ・伝統・第三世界フェミニズム』法政大学出版局、2010年。
23) 塩原2012年前掲書。

ること、それを個人レベルの実践に留めずに、いかに社会的に制度化していけるかが問われている。

5．世界に注意深くあること

　ここまで、対話という概念をあくまでも人と人とのあいだのコミュニケーションの問題として考えてきた。しかし考えてみれば、「対話」という言葉はメタファーとして、「歴史との対話」「自然との対話」「科学との対話」「神との対話」などのように、対人コミュニケーション以外の状況でも用いられている。これを単なるたとえと見なすのではなく、対話という概念の対人コミュニケーションという範疇を超えた、より大きな可能性を示唆するものと考えられないだろうか。

　自分から話しかけることからしか対話が始まらないのであれば、「自然と対話する人」は動物や草木に話しかけている変な人ということになってしまうし、「歴史と対話する人」は本を読みながらぶつぶつ言っている空想癖のある人ということになってしまう。しかし、他者の声を「聴くこと」から対話が始まると考えれば、自然や歴史や科学との対話という表現は、それほど奇異には聞こえなくなる。もちろんこの場合の「聴く」とは文字どおりの聴覚ではなく、テッサ・モーリス＝スズキが「注意深くあること」と言い換えたような意味である。

　　わたしたちは、「聴くこと」を、安易で、受身で、何かあたりまえなことのように考えがちである。……聴くこと、注意深くあることには、たくさんの時間、技術、準備が必要なのだ。嘘だと思うなら、実験してみるがいい。午前中ずっと、ただじっと座るか、あたりを静かに歩き回り、周囲の世界を聴き、周囲の世界にありったけの注意を払

ってみてほしい。あなたにとっても、わたしにとってと同じように、これはたぶん実際上できないことではないのか[24]。

たとえば自然を注意深く観察することから、生態系が変質する些細な兆候、地球温暖化の前触れを感じ取る、あるいは、そのような変質によって失われるかもしれない自然の価値を知る。あるいは、歴史を注意深く学ぶことから、現在の政治や社会の変動の行く末を予測し、警鐘を鳴らす。世界に対して注意深くあることとは、私たちが予期しない何かを世界のなかから見つけ出し、それによって私たちの知識を再考し、世界に対する私たちの想像力に変更を加えることである。それは私たちの思考や行動を変え、それが世界に影響を与え、未来から見た歴史を変化させていく。つまりそこに、対話的な関係が成立している。

このような意味での対話が、人間同士のコミュニケーションという意味に限定される必要はない。対話とは、人間であるかもしれないし、そうではないかもしれない「他者」との共約不可能な差異を前提としつつ、それでも他者を理解し承認するためにその声に耳を傾け、それに応答しようとする営みのことなのである。このように再定義することで、人々や文化がますます混淆し、経済や政治がますます錯綜し、グローバルなリスクがますます増大している今日の世界における対話という概念の重要性を、より的確に表すことができるのではないだろうか。

---

24) テッサ・モーリス＝スズキ（塩原良和訳）「ミノ・ホカリとの対話」保苅実『ラディカル・オーラル・ヒストリー――オーストラリア先住民アボリジニの歴史実践』御茶の水書房、2004年、293ページ。

キーワード

共生／共棲（conviviality/cohabitation）
→本文 181 ページ参照。

多文化主義（多文化共生）／公定多文化主義（multiculturalism/official multiculturalism）
→本文 183-185 ページ参照。

福祉多文化主義／ネオリベラル多文化主義（welfare/neoliberal multiculturalism）
→本文 184-186 ページ参照。

文化本質主義（cultural essentialism）
ある文化を、ある集団の構成員すべてが共有する所与の本質と見なす考え方。この場合の「本質」とは、時間によって変化することのない不変の要素とされる。また、その集団の構成員は同質的な文化を共有した均質な人々であるとされる。

社会的排除（social exclusion）
→第5章キーワード参照。

対話（dialogue）
→本文 190-194 ページ参照。

日常的多文化主義（everyday multiculturalism）
→本文 190 ページ参照。

共約（通約）不可能性（incommensurability）
→第1章キーワード参照。

― 文献案内 ―

○デヴィッド・ハーヴェイ（大屋定晴ほか訳）『コスモポリタニズム――自由と変革の地理学』作品社、2013年

　学問分野を超えて大きな影響力を持つ、世界的に著名な地理学者による2009年の著作。批判的地理学理論の構築の試みと、その政治的意義を明らかにするための現代的コスモポリタニズム論の批判的検討。

○ウィル・キムリッカ（岡崎晴輝ほか監訳）『土着語の政治――ナショナリズム・多文化主義・シティズンシップ』法政大学出版局、2012年

　英米圏を代表する政治理論家のひとりであり、多文化主義理論研究の第一人者である著者による2001年の著作。マイノリティの権利に関するリベラリズム政治理論の確立を目指した、多文化主義研究における必読書。

○レス・バック（有元健訳）『耳を傾ける技術』せりか書房、2014年

　2007年に英国で原著が公刊された、社会学やカルチュラル・スタディーズの視点からの、他者の声に耳を傾けることの意味と意義をめぐる考察。他者の声を「聴くこと」は、グローバリゼーションと多文化化の時代に生きる私たちが、今とは異なる未来の可能性を見つけ出すための方法でもある。

おわりに 対話主義者たちへの覚書

1.「中立」という暴力

　互いに異なる他者が同じ場所に否応なく「共に投げ込まれている」(前章参照) グローバリゼーションの時代における、越境・移動のあり方。加速する資本主義がもたらす、私たちの時間・空間的自律性の危機。ナショナリズムの変容と排外主義の台頭が持つ意味。オルタナティブな他者との関係性のあり方をリアルに構想する批判的思考の重要性。他者と共に生きるための技法としての対話。そして、それを可能にするための他者への想像力の可能性。本書でみなさんに伝えようとしてきたのは、そのようなことである。「はじめに」に書いたように、私の考えのすべてに同意していただくことは望んでいない。共生／共棲や対話、他者と社会への想像力と批判的思考のあり方について、みなさん自身が考えてくださるきっかけになればよい。そうだとしても、本書を読んで、対話を通じた共生／共棲を目指して実践してみたい、と思ってくださる人がいればもちろん嬉しい。そこで最後に、そのような人たちへのささやかな指針というか、励ましになるようなことを少し、書いておきたい。

　しばしば混同されるが、他者に対して対話的であろうとすることと、意見の異なる人々のあいだで「中立」の立場に身を置こうとすることは異なる。第6章での議論とも関係するが、自然災害や大事故といった「惨事」が起こった際、そうした出来事を「政治利用」するなという批判が起こることがある。あるいはオリンピックやアートフェスティバルといった、一見すると政治とは無関係に見えるイベントでも、政治家やマスメディア、あるいは市民運動などが、

それを政治利用していると批判されることもある。そのような批判をする側は、自分たちはその出来事やイベントに対して政治的に中立の立場であると思っているのだろう。しかし、カール・マンハイムが「存在（被）拘束性」＊と呼んだように、人間の知識や認識は自分の生まれ育ってきた社会や歴史の状況に制約されつつ形成される[1]。その意味で、あらゆる人間は「偏って」おり、完全に中立な人間など存在しない。たとえば第7・8章でも考察したように、現代社会に生きる人々はたいていの場合、ナショナリズムを身体感覚のレベルで内面化しており、オリンピックや国際的な文化イベントなどではそれが商品化され、消費される。そのとき、私たちは本当に中立な立場でそれらに参加したり、鑑賞したりしているのだろうか。そもそも物事に対して「自分の意見を持つ」ということは、「偏る」ことを選択するということではないのか。

　中立な立場に立つことが原理的にありえないからといって、中立を目指す必要がないと言っているわけではもちろんない。ここで強調したいのは、自分の価値観が中立ではないということを自覚したうえで、物事をなるべく客観的に把握するように努力することと、自分があたかも中立的であるかのように振る舞うことで他者を中立的ではないと非難できる位置に立つことは、異なるということなのである。前者は、マックス・ヴェーバーが「価値自由」と呼んだ社会科学の倫理的態度である[2]。自分が偏っていることを自覚しつつ、それになるべく「とらわれない」で自由に思考するように努めるこ

---

1) カール・マンハイム、マックス・シェーラー（秋元津郎・田中清助訳）『知識社会学』青木書店、1973年。
2) マックス・ウェーバー（松代和郎訳）『社会学および経済学の「価値自由」の意味』創文社、1976年。『現代社会学事典』（弘文堂、2012年）の解説も参照。

と（事実認識と価値判断の峻別）を、ヴェーバーは社会科学者のあるべき姿だと考えた。この倫理は社会科学の方法論に留まらず、社会における討議や対話の実践においても重要である。つまり議論の際、自分の主張の客観的妥当性を示して相手を説得しようと努めると同時に、自分の主張に必ず含まれてしまう偏り（＝存在被拘束性）も自覚して、それを相手との論争や対話を通じて絶えず修正していく姿勢が求められる。それに対し、他人の意見に耳を傾けず、かたくなに自説に固執するのは「凝り固まる」こと、すなわち自己の可謬性を認めない態度である。偏ることと凝り固まることはしばしば混同されるが、対話という観点からはまったく異なっている。

　自らが中立であると主張するのは、「中立」という絶対的に正しい立場にいると宣言することだから、自己の可謬性を認める姿勢はそこにはない。むしろ自分が中立であることを周囲にうまく認めさせれば、対立する主張をする人や集団に「偏っている」というレッテル貼りをして貶めることが可能になる。

　これをスポーツの審判の例で考えてみる。審判は制度的に、すべての選手に対して中立であるとされている。中立であると信用できるからこそ、選手たちは審判の命令に従う。つまり審判は選手に対して、圧倒的な権力を保持する。そしてその権力の源は、まさに審判の中立性が担保されていることにある。もし審判が八百長に加担し、特定の選手やチームに肩入れしていることが判明すれば、その審判に誰も従わないばかりか、審判としての権限を剥奪され競技の場から追放されるだろう。

　これを私たちの日常のコミュニケーションに置き換えてみる。議論の場で、自分を中立に見せかけることに成功すれば、ほかの人の主張が正しいか間違っているかを判定する権力を獲得できる。換言すれば、ほかの人を「上から目線」で見ることが許されるようにな

る。これは司会者や進行係のように、制度的に中立を義務づけられた役割を他の参加者の同意のもとで果たす場合でも、あらかじめそのような役割が決められていない場合でも、基本的には同じことである。だからこそ、たとえば入学試験や就職試験でのグループ討論や、組織の重要な事柄を決める会議で、その場を誰が「仕切る」かが重要になるのだ。「仕切り役」として自分を中立に見せかけることで、他の参加者に対して自分を優位な位置に置くという駆け引きが、たとえ無意識のうちにであっても、そこでは行われている。

　以上のことは、ピエール・ブルデューの「場（界）」と「象徴（的）暴力」＊という概念で説明可能だ[3]。ブルデューによれば「場」とは諸個人が文化資本とそれを内面化したハビトゥスを投資することで権力闘争を繰り広げる、限定された人間関係のネットワークである。それぞれの場には特有の「ゲームのルール」がある。たとえば「学校」という場には、そこで成功を収めるためのルールがあり、それは「ビジネス」とか「地域社会」といった場とは異なっている。一方、ブルデューは象徴暴力を、本来は特定の利害に基づく主張や信条を、自然で正しいものとして相手に受け入れさせることだと定義した。だから、ある場で中立の位置を占める、つまり審判者の立場に立つということは、自らの主張や信条を自然で正しいものとして受け入れさせ、対立している者の主張に偏っているというレッテル貼りをする、象徴暴力を行使することにほかならない。

　他者との共生／共棲に向けた対話の場が、象徴暴力に支配されることは避けねばならない。そのためには、コミュニケーションは知識の存在被拘束性を前提として、価値自由の倫理とともに行われる

3）　ピエール・ブルデュー、ジャン＝クロード・パスロン（宮島喬訳）『再生産——教育・社会・文化』藤原書店、1991年。

必要がある。自分の意見は決して中立ではなく、偏っている。だから同じように偏っている相手の主張に耳を傾け、それが自分の主張とどのように異なっているのかが相手にもわかるという意味での「客観的な」論拠を述べて説得していく。そして必要であれば、自分の意見を相手との議論を通じて修正していく。自らを中立だと主張して相手を見下すような態度は、こうした対話的コミュニケーションを阻害してしまうのだ。

2．対話主義者が敗北するとき

　第5章で述べたように、効率性を過度に追求すると、対等な立場での対話は困難になる。逆に時間をかければかけるほど、既存の発想にとらわれない創造的な結論を対話的に生み出す可能性が高まる。しかし実際には、無制限に時間をかけてよい対話というものはほとんどない。ほぼすべての対話には「制限時間」が伴うため、成果を出すために、ある程度効率的に話し合いを進めざるをえない。それゆえ、時間をかけて話し合おうとしても、必ず妥協を強いられる。だからこそ、いかにして可能な限り時間をかけて議論できるようにするかという、知恵と工夫が重要になってくる。

　本書で強調してきたような、他者との対話を時間をかけて深めることを重視する立場を「対話主義」と名づけてみよう。すなわち対話主義とは、対話をグローバリゼーションの時代における人々の共生を実現するための基本的な行動原理であると考える立場である。しかしこれまで述べてきたように、対話主義的な態度を貫く人々には多くの困難が待ち受けている。それに加えて、あたかもじゃんけんのグーとパーのように、対話主義者にとって相性が悪い人々がいる。それは広い意味で「原理主義者」と呼ばれる人たちである。この場合の原理主義とは、小熊英二やテッサ・モーリス＝スズキが提

起するように、特定の信念や価値観、アイデンティティを絶対視し、対話によって自分が変化することを拒絶する態度である[4]。宗教的原理主義は、本書でも言及したイスラム過激主義勢力だけではなく、キリスト教をはじめ多くの宗教に存在している。やはり本書で論じた排外主義的ナショナリストも、ネイションの伝統や文化を原理主義的に信奉している場合があるし、新自由主義／グローバリズムは市場原理主義とも呼ばれる。私たちの日常のコミュニケーションでも、原理主義はしばしば出現する。自らの思想や世界観を絶対視し、他者との相互作用を通じた変化を頑なに拒み続けるとき、私たちは原理主義的思考に陥っている。先述した「中立」の立場にこだわる人々は、中立原理主義者とでも呼べるだろうか。

　原理主義者と対話主義者の議論は、かみ合わない。相手とのやりとりを通じて自分の主張を変えることを恐れない対話主義者の「強さ」は、自らの主張を変えるつもりがない原理主義者にとっては、たやすく「論破」できる「弱さ」にしか見えない。より良い結論を出すために話し合いに時間をかけようとする対話主義者の姿勢は、あらかじめ結論が決まっている原理主義者にとっては非効率的に映る。だから、議論に勝ち負けをつけなければならない状況では、対話主義者は原理主義者にしばしば「負ける」。あるいは、原理主義者は対話主義者に、「勝ったつもり」になる。対話主義者にとっては、あまり気分のよい経験ではない。

　だが原理主義者は、より良い意思決定が対話によって生まれる可能性を認めないから、自分の意見や判断が間違っていてもそれを認

---

[4] テッサ・モーリス゠スズキ『批判的想像力のために――グローバル化時代の日本』平凡社、2002年、180-188ページ。小熊英二『社会を変えるには』講談社、2012年、394-396ページ。

めることができない。そればかりか、その誤った判断を行動に移すことで、状況をさらに悪くしかねない。本書で述べてきたように、社会のあり方が複雑化し、多様な価値観や世界観の人々が共生／共棲しなければならないのが現代という時代である。そこでは原理主義的な思考による意思決定には、大きなリスクがある。だから社会問題の解決を真剣に模索するなら、対話主義者は原理主義者を遠ざけるのではなく、かれらと対話するように試みなければならなくなる。

3．思いやりと、ずるがしこさ

　対話主義者と原理主義者との対話は、どうしたら可能になるのか。ここで原理主義と呼ぶ態度を、心情的なものと戦略的なものに分けて考えてみる。心情的原理主義者とは自分の信心に凝り固まり、他人の意見を理解する能力がそもそも著しく低い人のことだ。この手の人々は、そういう性格なのだと割り切って接すればかえって御しやすい。つまり、なぜそのような信心を持つに至ったのかという背景を徹底的に想像することから、その人の頑な心情を解きほぐすケアの仕方を見つけ出せるかもしれない。他人の話が聞けない人には、思いやりを持って接すべしということだ。これは第1章で述べた、どうしたら他者との対話が可能になるのかを考えるという意味での「対話的想像力」のひとつの解釈である。

　それに対して、実は相手の主張や心情が理解できるのに、論争（ディベート）に「勝つ」ためにあえて聞く耳を持たない人々が、戦略的原理主義者である。かれらは対話主義者の「自分の意見を変えることを厭わない」「合意に時間がかかる」という点を逆手にとって、論破しようとする。どんな人とでも話せばわかり合えるはず、というナイーブな信念だけで戦略的原理主義者に向かっていく対話

主義者は、いいカモにしかならない。

　戦略的原理主義者と対峙するときには、対話主義者はもっと狡猾にならなければならない。すなわち、かれらが自分をどのように論破しようとしているのかを先読みし、議論の場のルール、つまり、前提となっている固定観念や価値観、時間、場所などを批判的に再考することで、戦略的原理主義者が拠って立つ「土俵」そのものをずらしていく想像力が必要になる。これもまた対話的想像力のひとつの解釈であり、それによって、勝ち負けにこだわる相手を勝ち負けではない話し合いへと引き込んでいくことが可能になる。この駆け引きはおそらく、きれいごとだけでは済まされない。対話主義者の「弱み」につけ込もうとする人々の裏をかいて、いかにして対話の場に引きずり出すかという権謀術数が必要だろう。

　実際には、ひとりの人間に、心情的と戦略的の両方の原理主義が同居していることが多いかもしれない。それゆえ対話主義者であろうとする人には、相手に対する思いやりと、相手を対話に引きずり込むずるがしこさの、両方が必要になる。そのいずれも、他者に対する対話的想像力によって培われるものである。

4．対案と対話

　こうした対話的想像力の実践例として、「建設的な反論をするためには、『対案』を出さなければならない」という主張にどう向き合うか、考えてみよう。相手の意見にただ反対するだけではなく、自分はどうしたいのかという対案を示し、相手の案と自分の案とを競わせるべきだ、という主張は世間に浸透している。「対案がない」と断定された意見は、非建設的で論じるに値しないとされがちである。しかし、よく考えてみると「反論」とは文字どおり反対の論を展開することなのだから、（アンケート調査のように、「賛成す

る」「賛成しない」の二者択一にただマルがつけられているのではない限り）たいていの反論は反対「意見」というものを提示している。だから問題なのは、ある種の反論は相手に対案だと思ってもらえて、別の反論はそう思われない、ということなのだ。

　たとえばある議会で政党Aが提案した、政治課題αに対処するXという法律のYという改正案に、政党Bが反対したとする。そのとき、政党Bが法律Xの別の改正案であるZを出してくれば、それは「対案がある」とされる。しかし法律Xを改正すべきでないと主張したり、そもそも政治課題αについては国民的合意が深まっていないから、すぐ決めずにもっと時間をかけて議論をすべきだと主張すると、政党Aから「対案がない、非建設的な議論だ」と非難されがちになる。しかし政党Bは、「Xを改正しない」「αについて時間をかけて議論する」という提案をしているのだから、それを政党Aが対案だと認めていないだけなのである。

　このような思考実験からわかるのは、論争相手に対案を求めるというのは、自らが優位に立ったうえで、効率的に議論を進めるためのテクニックなのだということである。政党Bが、法律Xを改正しない、あるいは政治課題αについて時間をかけて議論すべき、という主張をしたとしても、政党Aはそれを「対案がないのは非建設的だ」と退けることができる。それにより政党Bが対案Zを提出せざるを得なくなれば、その時点ですでに政党Bは政党Aによって主張を変えさせられている。その結果、政治課題αは「この議会の会期中に、YかZかどちらかの改正案を選ぶ、あるいは妥協案をつくる」という、政党Xの望んだ「作業工程」に沿って議論されるようになる。すなわち「対案を出せ」という要求は、自分たちの望む前提を「議論の土俵」として相手に受け入れさせる象徴暴力の行使なのである。いったん自分の議論の土俵に相手を乗せること

ができれば、主導権を握って議論を進めることができる。「どこで、いつまでに、何をするか」という作業工程を決める権力を持った側が、論争においては圧倒的に優位だからである。その結果、相手と対等な立場で論争していると見せかけながら、結局は自分たちに都合の良い結論に導くことが可能になる。『西遊記』で、孫悟空がさんざん暴れまわっても結局はお釈迦さまの手のひらの上で踊らされていただけ、というエピソードがあるが、対案を相手に要求することは、自分たちにとって都合の良い作業工程を押しつけることで、相手をお釈迦さまの手のひらの上で踊らせる技術なのである。

あなたが参加する議論で、あなたが反論した相手が「対案」を出せと言ってきたらどうするか。そのときは、相手が暗黙の前提としてあなたに暴力的に押しつけようとしている議論の土俵そのものを、「共に決めなおす」ことを提案してみてはどうだろう。たとえば、「あなたはこの授業中に対案を出せというが、私はできるだけ時間をかけて、この問題をあなたと話し合い、可能かもしれないより良い別のアイデアを模索してみたい。これから１年間、毎週１回お昼休みに会って、いっしょに考えてくれませんか？」と、作業工程の決めなおしを提案するのだ。そんな時間はない、と相手は却下するだろうか。だとしたら、その人は実際にはあなたにその場の議論で勝ちたいだけで、その問題についてより良い解決策を真剣に見つけたいとは思っていないのだろう[5]。そういう「非生産的な」連中をどのようにしたら創造的な対話の場へと引きずり込めるのかが、対話主義者の想像力と手練手管の見せ所である。

5．「きっかけ」と「なりゆき」

対話的想像力によって対話が可能になるとしたら、その想像力をどのようにして得ることができるのだろうか。本章で考察したよう

な対人コミュニケーションとしての対話であっても、前章で述べた、より広い意味での「他者」との対話であっても、対話的想像力を養うためには、実際に他者と出会い対話する経験を重ねていくことが必要なのだろう。しかしその場合、対話を行うためには想像力が必要だが、その想像力を養うためには、対話が必要になるというパラドクスが生じてしまう。理論的に考えれば、これは解決困難な問題かもしれない。しかし実践的には、試してみる価値のある方法がある。やや肩透かしかもしれないが、とりあえず「なりゆき」に任せてみれば、というものである。

なりゆきに任せることは、意外と有効で実践的な戦略である。社会学的調査方法論において、調査している事柄について適切なインタビュー協力者を見つけるやり方に「雪だるま式」「芋づる式」、難しい言い方をすれば、機縁法と呼ばれるものがある[6]。それは、とりあえず手近な人にインタビューし、その人に、その調査目的にふさわしい次のインタビュー協力者を紹介してもらい、それをくりかえしていく方法のことである。ようするに、なりゆきに任せるやり方だと言えなくもない。一見いい加減だが、これが有効な方法でありうることは、質的調査を行う社会学者であれば経験的に承知している。そこで重要なのは、得られた人のつながりをおろそかにせず、

---

5) わかりやすいように、あえて学生のやりとりを誇張して描写してみた。もちろんこれは教育の場に限った問題ではない。なお、学校の授業で行われるディベートのように、前提と作業工程が制度的に決まっている場合には、それらを決めなおすことは難しい。これが、私がディベート形式の討論が対話的想像力を鍛えるのに不向きだと考える理由でもある（山田竜作「現代社会における熟議／対話の重要性」田村哲樹編『語る――熟議／対話の政治学』風行社、2010年、30-31ページ）。
6) 前田拓也ほか編『最強の社会調査入門――これから質的調査を始める人のために』ナカニシヤ出版、2016年。

誠実に向き合いながら、そうした人々がもたらした語りや情報によって自分の問題関心や研究方針を絶えず修正していくことである。そうすることによって、なりゆきから始まった人のつながりが自分の研究を意義ある方向へと導いてくれることがある。

　アーリが「複雑系」のメタファーで示したように(第2章参照)、グローバリゼーションの時代とは、自分が始めた小さな行為がきっかけとなり、それが他者とつながることで、大きな流れになることが可能な時代である。それゆえ他者との対話と想像力を推し進めていくために、とりあえず身近な誰か、あるいは何かとの真摯な対話の試みから始めて、なりゆきに任せてみるのも悪くない。その可能性を信じる勇気と楽観性を持てるかどうかが、あなたがこの見通しの悪い世界のなかで「リアル」でいられるか、現状追認や大勢順応に陥ってしまうかの、分かれ目になる(「はじめに」参照)。雪だるま式サンプリングと同様、おそらく「きっかけ」は特に意味のないもの、理由のないことでも構わないのだろう。そこから始まったつながりや流れを大切にし、なるべく多くの他者と注意深くやりとりをしていくこと。その対話の連続を通じて、あなたの他者と社会への想像力は鍛えられていく。ひとつひとつの小さな対話がつながり、やがて大きな対話的想像力のネットワークになっていけばよい。そのような積み重ねが、我が世の春を謳歌しているように見える原理主義者たちに対峙するための想像力を、あなたに与えてくれることを祈っている。

---キーワード---

存在(被)拘束性(Seinsverbundenheit/Seinsgebundenheit)
　カール・マンハイムの提起した概念。知識や認識は自律的なものではなく、ある特定の時代や文化の社会的存在・状況のなかで形成

されるということ（M. シェーラーとの共著、秋元津郎・田中清助訳『知識社会学』青木書店、1973 年）。

価値自由（Wertfreiheit）
→本文 198 ページ参照。

象徴（的）暴力（symbolic violence）
ある行為を「正しいこと」として受け入れさせることによって、その相手に対する支配を正当化しようとする行為。ピエール・ブルデューが発展させた概念（ジャン = クロード・パスロンとの共著、宮島喬訳『再生産』藤原書店、1991 年）。

文献案内

○ピエール・ブルデュー／ジャン = クロード・パスロン（宮島喬訳）『再生産——教育・社会・文化』藤原書店、1991 年

20 世紀後半を代表する社会学者であったブルデューらが、社会における階層や不平等の再生産において文化の果たす役割を分析した著作。象徴的暴力、ハビトゥス、文化資本といったブルデュー社会学の重要概念が駆使されている。

○テッサ・モーリス = スズキ『批判的想像力のために——グローバル化時代の日本』平凡社ライブラリー、2013 年

1990 年代の日本における市場原理主義とナショナリズムの共犯関係を批判し、オルタナティブな社会への想像力の重要性を提起した評論集。初版は 2002 年刊行。自らも日本語での論争に介入する批判的知識人としての著者の発言は、2010 年代後半の日本でも一層の説得力と切実さを持って響く。

○保苅実『ラディカル・オーラル・ヒストリー——オーストラリア先住民アボリジニの歴史実践』御茶の水書房、2004年
　惜しまれつつ早世した歴史学者の遺した作品。英語版も出版されている。オーストラリアでの綿密なフィールドワークを土台に、西洋近代による知の植民地化に異議を唱え、人々が身体を持って実践するものとして歴史を捉え、異なる歴史を実践する人々同士の交流の可能性を真摯に追求した。本書はいまでも、他者との対話のあり方を考えるうえでの重要な示唆を与え続けている。

初出一覧

※下記の一部を掲載にあたって加筆修正を加えている。

○はじめに（1-4ページ）
・塩原良和・稲津秀樹編著『社会的分断を越境する——他者と出会いなおす想像力』青弓社、2017年（序章の一部）

○第1章
・前掲、『社会的分断を越境する』（序章の一部）

○第2章（33-41ページ）
・大澤真幸・塩原良和・橋本努・和田伸一郎『ナショナリズムとグローバリズム——越境と愛国のパラドックス』新曜社、2014年、217-223ページ（塩原執筆部分）

○第3章（57-58ページ）
・塩原良和「宗教的過激主義・レイシズム・多文化主義」『図書新聞』No. 3208（2015年5月30日）
http://www.toshoshimbun.com/books_newspaper/week_description.php?shinbunno=3208&syosekino=8337

○第3章（59-62ページ）
・塩原良和『共に生きる——多民族・多文化社会における対話』弘文堂、2012年（67-69ページ）

○第4章
・塩原良和「オセアニアから見えてくるもの——トランスナショナルな想像力へのレッスン」西原和久・樽本英樹編『現代人の国際社会学・入門——トランスナショナリズムという視点』有斐閣、2016年（241-258ページ）

○第5章（100-101ページ）
・塩原良和「スピード感」『三色旗』（慶應義塾大学通信教育部）783号（37ページ）

○第8章（147-153ページ）
・前掲、『ナショナリズムとグローバリズム——越境と愛国のパラドックス』（103-110ページ：塩原執筆部分）

○第9章（157-169ページ、172-173ページ）
・塩原良和「ヘイトスピーチ『傷つきやすさ』の社会学」『SYNODOS』（2013年10月15日）
http://synodos.jp/society/5846

○第9章（173-175ページ）
・前掲、『社会的分断を越境する』（テッサ・モーリス゠スズキの文章に寄せた解題の一部）

○第10章（181-182ページ）
・前掲、『社会的分断を越境する』（序章の一部）

○第10章（182-193ページ）
・塩原良和「共生と対話——多文化主義の刷新のために」『ＴＡＳＣ ＭＯＮＴＨＬＹ』公益財団法人たばこ総合研究センター、491号、2016年11月（12-18ページ）

＊なお、各章末〈キーワード〉においては、『現代社会学事典』（弘文堂、2012年）、『人の移動事典』（丸善出版、2013年）の記述を引用した部分がある。

塩原　良和（しおばら　よしかず）
慶應義塾大学法学部教授。1973年生まれ。
慶應義塾大学大学院社会学研究科後期博士課程単位取得退学、博士（社会学）。
主要著作：『変革する多文化主義へ――オーストラリアからの展望』（法政大学出版局、2010年）、『共に生きる――多民族・多文化社会における対話』（弘文堂、2012年）、『社会学入門』（共編、弘文堂、2010年）、『ナショナリズムとグローバリズム――越境と愛国のパラドックス』（共著、新曜社、2014年）、『社会的分断を越境する――他者と出会いなおす想像力』（共編著、青弓社、2017年）、*Cultural and Social Division in Contemporary Japan*（共編著、Routledge、2019年）、ほか。

分断と対話の社会学
――グローバル社会を生きるための想像力

2017年4月28日　初版第1刷発行
2023年6月6日　初版第2刷発行

著　者―――塩原良和
発行者―――大野友寛
発行所―――慶應義塾大学出版会株式会社
　　　　　　〒108-8346　東京都港区三田2-19-30
　　　　　　TEL　〔編集部〕03-3451-0931
　　　　　　　　　〔営業部〕03-3451-3584〈ご注文〉
　　　　　　　　　〔　〃　〕03-3451-6926
　　　　　　FAX　〔営業部〕03-3451-3122
　　　　　　振替　　00190-8-155497
　　　　　　https://www.keio-up.co.jp/
装　丁―――鈴木　衛
印刷・製本――中央精版印刷株式会社
カバー印刷――株式会社太平印刷社

　　　　　　Ⓒ 2017 Yoshikazu Shiobara
　　　　　　Printed in Japan　ISBN978-4-7664-2423-2

慶應義塾大学出版会

アジア系専門職移民の現在
―変容するマルチカルチュラル・オーストラリア

石井由香・関根政美・塩原良和著　〈社会的弱者〉から〈パワー移民〉へ……。従来の移民研究の対象であった下層階層に属さず、社会的影響力を拡大しつつあるアジア系の専門職移民。90年代以降のオーストラリアへの移民を対象とした実証研究。　　　　　　　　　◎3,200円

慶應義塾大学三田哲学会叢書 ars incognita

感情を生きる
―パフォーマティブ社会学へ

岡原正幸編著　関係性の違和感や社会的居場所のなさから生まれる様々な「感情」を、どのようにして客体化していけばよいのか。現代の「生」の根源を探求する、生と感情の社会学。　　　　　　　　　　　　　　◎700円

多文化「共創」社会入門
―移民・難民とともに暮らし、互いに学ぶ社会へ

小泉康一・川村千鶴子編著　多様なルーツをもつ人々とともに暮らし、いのちを育み、まちを創る。地域の取組みから世界情勢まで移民・難民に関する基礎と現実をやさしく解説。高校・大学の授業や自治体・企業研修に最適の入門書！　　　　　　　　　　　　◎2,200円

表示価格は刊行時の本体価格（税別）です。